Sicher ist sicher. Bei aller Sorgfalt, die wir in der Recherche haben walten lassen, können sich Öffnungszeiten auch einmal kurzfristig ändern, oder ein Lokal ist gerade in Ihrer perfekten Cornwall-Woche ausgebucht oder geschlossen. Darum empfehlen wir grundsätzlich möglichst weit im Voraus zu reservieren. Ein kurzer Anruf genügt und Sie können sicher sein, zur vereinbarten Zeit einen Platz zu finden.

für die Süddeutsche Zeitung Edition
in Kooperation mit smart-travelling print UG, Berlin
Reihe „Eine perfekte Woche ...“

Idee und Redaktion: Nancy Bachmann, Nicola Bramigk
Projektleitung: Till Brömer, Sabine Sternagel
Texte: Sabine Danek
Fotos: Nicola Bramigk, David Griffen (S. 14-19, 148-149), Julia Wherrell (S. 34), Kirstin Prisk (S. 82 – 83), Rebecca Stein (S. 136), Beth Druce (S. 144-147), Ben's Cornish Kitchen (S. 162-165), Mount Haven (S. 173) Britt Chudleigh (S.178-183), Nick Walker (S.189)
Gestaltungskonzept: Verena Bettin
Gestaltung und Illustration: Rahel Streiff
Reinzeichnung: JournalMedia GmbH
Herstellung: Thekla Licht, Hermann Weixler
Druck und Bindung: Kessler Druck + Medien, Bobingen

2., aktualisierte Auflage 2014

ISBN: 978-3-86615-960-0

SMART
TRAVELLING

EINE PERFEKTE WOCHE ...
IN CORNWALL

www.smart-travelling.net

LIEBLINGSADRESSEN IN CORNWALL

AUF DEM WEG NACH CORNWALL DURCH SOMERSET UND DEVON

Seite 13

1 Hotel:
Langford Fivehead
Lower Swell, Fivehead TA3 6PH
Tel: 0044 (0)1460 282020
Seite 15

2 Aktion:
Stadtbummel durch Bath
Seite 23

3 Hotel/Restaurant:
Bovey Castle
North Bovey, Dart. Nat. Park, Devon
Tel: 0044 (0)1647 445000
Seite 31

4 Hotel/Restaurant:
Hotel Endsleigh
Milton Abbot, Tavistock, Devon
Tel: 0044 (0)1822 870000
Seite 37

5 Restaurant/Café:
River Cottage Deli & Canteen
Trinity Square, Axminster, Devon
Tel: 0044 (0)1297 631862
Seite 43

LIEBLINGSADRESSEN IN CORNWALL

6 Hotel/Restaurant:
Whitehouse Hotel
Chillington, Kingsbridge, Devon
Tel: 0044 (0)1548 580505
Seite 47

7 Restaurant/Café:
Beachhouse
South Milton Sands, Devon
Tel: 0044 (0)1548 561144
Seite 53

8 Restaurant:
RockFish Seafood & Chips
8 South Embank., Dartmouth, Devon
Tel: 0044 (0)1803 832800
Seite 59

DER SÜDEN: UNENTDECKTES CORNWALL
Seite 69

9 Hotel:
Botelet
Herodsfoot, Liskeard, Cornwall
Tel: 0044 (0)1503 220225
Seite 71

10 Aktion:
Port Eliot House & Gardens
St. Germans, Saltash, Cornwall
Tel: 0044 (0)1503 230211
Seite 81

LIEBLINGSADRESSEN IN CORNWALL

11 Aktion:
The Lost Gardens of Heligan
Pentewan, St. Austell, Cornwall
Tel: 0044 (0)1726 845100
Seite 85

12 Café:
The Pasty Shop
6 Buller Street, East Looe, Cornwall
Tel: 0044 (0)1503 263973
Seite 89

13 Hotel:
Buttervilla Farm
Polbathic, St. Germ. Torpoint, Cornw.
Tel: 0044 (0)1503 230315
Seite 93

14 Hotel:
Westcroft Guesthouse
Market Street, Kingsand, Cornwall
Tel: 0044 (0)1752 823216
Seite 99

15 Restaurant:
The Devonport Inn
The Cleave, Kingsand, Cornwall
Tel: 0044 (0)1752 822869
Seite 107

DER NORDEN: DIE KÜSTE VON WATERGATE BAY BIS PORT ISAAC
Seite 113

LIEBLINGSADRESSEN IN CORNWALL

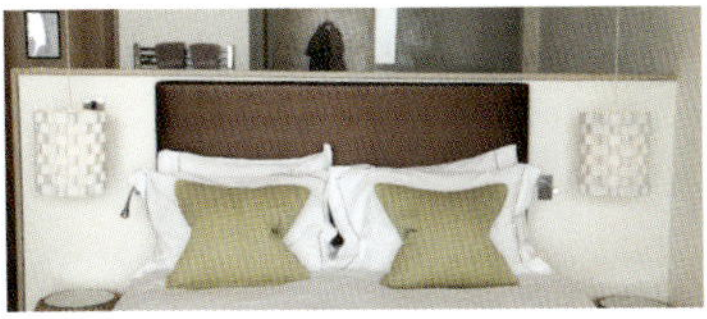

16 Hotel:
The Scarlet
Tredragon Rd, Mawgan Porth, Cornw.
Tel: 0044 (0)1637 861800
Seite 115

17 Restaurant:
Fifteen
On The Beach, Watergate Bay, Cornw.
Tel: 0044 (0)1637 861000
Seite 123

18 Hotel/Restaurant:
St. Enodoc Hotel
Rock Road, Rock, Cornwall
Tel: 0044 (0)1208 863394
Seite 129

19 Restaurant:
St. Petroc's Bistro
4 New Street, Padstow, Cornwall
Tel: 0044 (0)1841 532700
Seite 133

20 Café:
Relish
Foundry Court,Wadebridge, Cornwall
Tel: 0044 (0)1208 814214
Seite 139

21 Aktion:
Port Isaac
Seite 143

LIEBLINGSADRESSEN IN CORNWALL

22 Restaurant:
The Harbour Kitchen
18 New Road, Port Isaac, Cornwall
Tel: 0044 (0)1208 880845
Seite 145

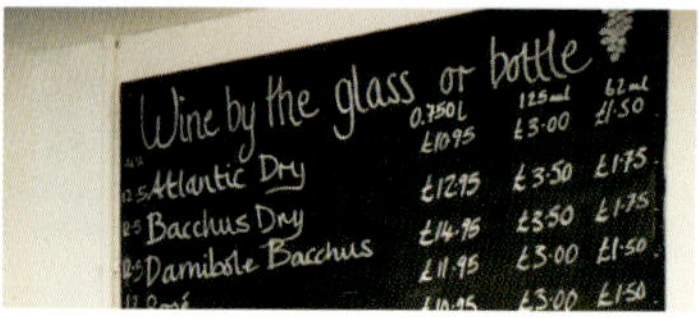

23 Aktion:
Camel Valley
Nanstallon, Bodmin, Cornwall
Tel: 0044 (0)1208 77959
Seite 151

DER WESTEN: VON FALMOUTH ÜBER PENZANCE BIS ST. IVES
Seite 155

24 Hotel:
The Abbey Hotel
Abbey Street, Penzance, Cornwall
Tel: 0044 (0)1736 366906
Seite 157

25 Restaurant:
Ben's Cornish Kitchen
West End, Marazion, Cornwall
Tel: 0044 (0)1736 719200
Seite 163

26 Aktion:
St. Michaels Mount
West End, Marazion, Cornwall
Tel: 0044 (0)1736 710507
Seite 169

☞ Weitere Adressen finden Sie unter www.smart-travelling.net

27 Aktion:
St. Ives
Seite 175

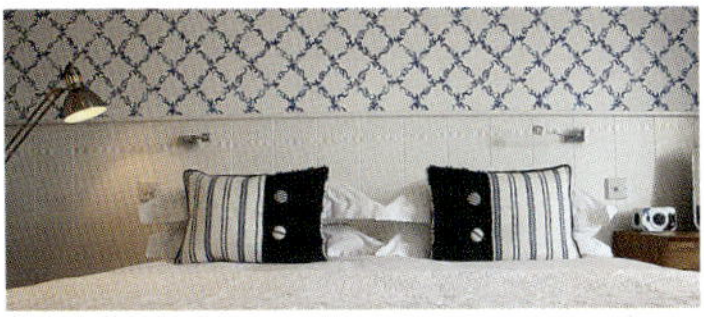

28 Hotel:
Trevosc Harbor House
22 The Warren, St. Ives, Cornwall
Tel: 0044 (0)1736 793267
Seite 179

29 Hotel/Restaurant:
Gurnard's Head
Nr. Zennor, St. Ives, Cornwall
Tel: 0044 (0)1736 796928
Seite 191

30 Aktion:
Helford Village
Seite 197

31 Hotel/Restaurant:
Hotel Tresanton
St. Mawes, Truro, Cornwall
Tel: 0044 (0)1326 270055
Seite 203

GUT ZU WISSEN
Tipps, Ausflüge,
Spaziergänge
Seiten 209-240

DOG TOWELS

GODOLPHIN

PRINCETOWN

Come
in we're
open

ENGLANDS MYSTISCHES KÜSTENREICH

Abgeschiedener geht es kaum. Im äußersten Südwesten Englands liegt Cornwall, umgeben von steiler und schroffer Küste und von sanften Stränden. Die Grafschaft ist Englands Eden, die britische Riviera und das Meer ist dort nie weit entfernt. Ob das phantastische Ausblicke von dem berühmten South West Coast Path sind, lauschige Fischerörtchen, abgelegene Buchten oder Surfspots wie die Watergate Bay. Surfen gehört genauso zu Cornwall wie das frische Meeresgetier, wie eisige Bäder im Atlantik, wie die Palmen, die in dem subtropischen Golfstrom-Klima wachsen – und wie die Magie. Eine der berühmtesten prähistorischen Energielinien läuft einmal quer durch die Landzunge und am Straßenrand stehen immer wieder Schilder, die zu keltischen Kultstätten und Millionen Jahre alten Monumenten wie dem Steinkreis von Wiltshire führen. Von jüngerer Geschichte erzählen die zahlreichen viktorianischen Anwesen und ihre Gärten. Als im 19. Jahrhundert eine wahre Gartenmanie in England ausbrach, bot Cornwall genau das richtige Klima. Reiche Familien schickten Botaniker in die Welt hinaus, um exotische Samen zu sammeln und bis heute sind überwältigende Rhododendren aus dem Himalaya in den Gärten zu bewundern, ostasiatische Magnolien und seltene Farne. Es braucht Zeit, durch Cornwalls labyrinthartige und oft furios schmale Straßen zu fahren. Die nimmt man sich hier, genauso wie für den Plausch untereinander. Jeder wird mit Love oder Honey angesprochen, man ist stolz auf sein Kernow und gibt gerne Auskunft. Auch über die zahlreichen Küchenchefs der Region, deren Treiben aufmerksam verfolgt wird. Schließlich gibt es nirgendwo sonst auf der Insel so grandios frische Krebse, Hummer, Heilbutt oder Austern.

Auf dem Weg nach Cornwall durch Somerset und Devon

Es trägt durchaus zu Cornwalls Charme bei, dass es nicht auf direktem Wege zu erreichen ist. Man kann nach Bristol fliegen oder in London umsteigen und in Newquay landen oder von Londons Paddington Station den Riviera Express nehmen und das am besten abends. Dann steigt man in sein kleines Schlafabteil, zieht die karierte Decke hoch ans Kinn und wenn man morgens in Penzance aufwacht, blickt man direkt aufs Meer und auf St Michaels Mount. Oder man beschließt, dass auch der Weg das Ziel und reist mit dem Auto durch Devon und Somerset an. Und es lohnt sich. Durch die Grafschaften weht ein Hauch von lässigem Kate Moss Chic. Man sieht sie förmlich in Hunter Boots über die saftigen grünen Wiesen marschieren und zu einem der vielen elegant verwitterten Herrenhäuser, die üppig mit Kletterrosen bewachsen sind. Somerset ist trendy und lieblich, Apfelplantagen reihen sich hier aneinander, Ciderbrauereien, Ökofarmen und Käsereien. Und es gibt viel zu entdecken. Die Kathedrale von Wells, Stonehenge, die Esoterikhochburg Galstonbury, der Landschaftsgarten Stourhead. Auch das Babington House, erstes der berühmten Soho Houses mit Dependancen in Berlin, London, Miami, liegt inmitten der sanften Wiesen von Somerset. In Devon wird die Landschaft langsam rauer. Der Exmoor National Park hat schönste Heide- und Moorlandschaft und steile Klippen, das Dartmoor ist berühmt für seine Steinkreise, Granitfelsen und Monolithen. Und wenn Sie dann den Fluss Tamar überqueren, der sich von der Nord- zur Südküste zieht, sind Sie in Cornwall angekommen.

LANGFORD FIVEHEAD

Schon die Ankunft ist perfekt. Erst fährt man durch schönstes Grün eine geschwungene Einfahrt entlang, dann betritt man das Haus, in dem es nach Diptyque-Kerzen riecht und klassische Musik spielt. Nachdem Rebecca und Olly Jackson viele Jahre lang in Top-Restaurants des Landes gekocht haben, gönnten sie sich 2013 ihr eigenes Restaurant – und das gleich mit einem Bed and Breakfast dazu. In sanfter Natur liegt das Schmuckstück, mit Wiesen für Cricket und andere Spiele und einem Garten, in dem die Jacksons Gemüse ziehen. Nimmt man den Aperitif, nach Wahl auf der Terrasse oder im Kaminzimmer, kann man sich anschließend zum Drei-Gänge-Menü niederlassen – zu Ententerrine mit Pistazien und eingelegten Pflaumen, Butt mit Kohl und Sellerie und Haselnuss-Soufflé. Das Fleisch kommt von der familiengeführten Schlachterei Bonners of Illminster, die einzig Tiere lokaler Farmer verarbeitet, der Fisch ganz frisch aus Lyme Bay oder Dorset, abhängig davon, was der Fang des Tages bietet. Gerade 17 Plätze gibt es im Restaurant – und wohnt man vor Ort, kann man sich danach in die herrschaftlichen Zimmer zurückziehen. Sieben davon gibt es, in denen ausgesuchte Antiquitäten mit Country-Charme kombiniert sind. Die Atmosphäre ist so persönlich, dass man unbedingt bleiben möchte – und kann dann zum Frühstück auch gleich die preisgekrönten Würstchen der Bonners probieren.

1 Langford Fivehead Adresse: Lower Swell, Fivehead, Somerset TA3 6PH
Tel: 0044 (0)1460 282020 Internet: www.langfordfivehead.co.uk
Preise: DZ ab 185 Euro inkl. Frühstück

☞ Räucherei Brown and Forrest

Hier sieht man, was man alles räuchern kann – und das ist bei Weitem nicht nur Aal oder Entenbrust. Seit 28 Jahren schiebt Jesse Pattisson so manches in den handbetriebenen Rauch. Neben Lachs, Saibling und den üblichen Fleisch-verdächtigen auch Knoblauch und vor allem verschiedene Käse. Orlando vom Langford Fivehead serviert sie zum Dessert. Sie sollten sich auf keinen Fall den geräucherten Stilton entgehen lassen! Auch für Mitbringsel ist Brown und Forrest gut geeignet. Die meisten Produkte sind eingeschweißt, der Rest wird es auf Wunsch und so lassen sie sich bequem mitnehmen.

Adresse: Bowdens Farm, Hambridge, Somerset TA10 0BP
Tel: 0044 (0)1458 250875, Internet: www.brownandforrest.co.uk
Öffnungszeiten: Montag – Samstag 10.00 – 16.00 Uhr, Sonntag geschlossen

☞ Somerset Cider Brandy Company Ltd.

Der Baum, der in schönster Postkartenidylle mitten auf dem kleinen Berg nebenan steht, ist das Markenzeichen der Cider Farm. Seit 1678 wird hier Cider und Cider Brandy gekeltert und der gärige Geruch begrüßt einen schon am Eingang der Farm. Auf dem Hof steht ein bunt bemalter alter Bus, mit dem die Company ihre Apfelgetränke u.a. auf dem hippen Glastonbury Festival verkauft und betritt man die alten Gemäuer, lagern die verschiedenen Prozente in historischen Holzfässern. Alle Cider können in Ruhe probiert werden. Eine Spezialität, die nur hier gebraut wird, ist der Cider Brandy. Er wird 20 Jahre lang gelagert und auch in kleinen Größen abgefüllt.

Adresse: Burrow Hill, Kingsbury Episcopi, Martock, Somerset TA12 6BU
Tel: 0044 (0)1460 240782, Internet: www.ciderbrandy.co.uk
Öffnungszeiten: Montag – Samstag 9.00 – 17.30 Uhr, Sonntag geschlossen

STADTBUMMEL DURCH BATH

In dieser georgianischen Stadt hat man das Gefühl, man sei mitten in einem Roman von Jane Austen und käme plötzlich eine Dame im raschelnden bodenlangen Krinolinenkleid um die Ecke gebogen, würde man sich nicht eine Sekunde lang wundern. Nahezu durchgängig ist die Architektur des 18. Jahrhunderts erhalten und macht die Stadt zu einem bildhübschen Freilichtmuseum mit schmalen, klar gegliederten Häusern mit weiß verputzen Ornamenten und verzierten Säulenportalen.

Die Geschichte des Ortes geht aber noch viel weiter zurück. Vor mehr als 2000 Jahren aalten sich bereits die Römer in den heißen Quellen der Stadt und ihr perfekt erhaltenes Bad ist heute ein Museum.

Doch trotz der Historie ist das Studentenstädtchen ein pulsierend moderner Ort. Schöne, kleine Cafés, die einen Hauch von London versprühen gibt es dort und viele Geschäfte rund um die Bond Street. Dort liegt auch The Sausage Shop (7 Green Street) mit über 30 Würstchensorten. Scharf gewürzt, mit Spinat, indischen Gewürzen, Meersalz, Ingwer oder auch vegetarisch. Eine gute Adresse, um sich eine der dort angebotenen Lunch Boxes packen zu lassen und draußen zu verzehren. Vielleicht auf der großen Wiese vor dem phantastischen Royal Crescent, einer Anlage von 30 Wohnhäusern, die in Sichelform aneinandergereiht sind und ein Schmuckstück der georgianischen Architektur. Auf der großen Wiese genießen Studenten, Angestellte und Herren mit fein säuberlich hochgezogenen Anzughosen die Nähe zu dem Botanischen Garten und den Blick auf die Stadt.

☞ The Fine Cheese Co.

Die hübsch verpackten Cracker der Fine Cheese Co. (Mustard ist unser Favorit) und das köstliche „Toast for Cheese“ mit Aprikosen, Kirschen, Mandeln, Pistazien oder Haselnuss, findet man in so manchem Delikatessenladen in Cornwall. Doch in Bath ist der eigene Shop der Company. Mit einem großartigen Käseangebot von „Bath Soft Organic“, „White Nancy“ zu „Stinking Bishop“ und zerfließendem Gorgonzola, Salami, Chorizo, zahlreichen Pickels und Chutneys für Käse und vielem anderen, was der Foodie begehrt. Eine Fundgrube für Mitbringsel und Picknicke. Im dazugehörigen Café werden Fine Cheese Käse- oder Wurstplatten, Tapas und Tortillas serviert.

Adresse: 29 & 31 Walcot Street, Bath BA1 5BN, Tel: 0044 (0)1225 483407
Internet: www.finecheese.co.uk, Öffnungszeiten: Montag – Freitag 9.30 – 17.30 Uhr, Samstag 9.00 – 17.30 Uhr, Sonntag geschlossen

THE FINE CHEESE Co.
CHARCUTERIE·WINE·BREAD·TREAT
100 SHOPS YOU
THE FINE CHEESE Co.
DINING ALFRESCO
WE HAVE A GREAT SELECTION OF PICNIC SANDWICHES

☞ Sam's Kitchen

Durch dieses Deli weht ein Hauch von London. Modern und lässig geht es hier zu. Lassen Sie sich aus der Glas-Bowl die hausgemachte Limonade schöpfen, bestellen Sie einen der bunten Salate – und setzen Sie sich an den großen Tisch. Um ihn herum versammeln sich Leute aus Bath, blättern in Zeitungen, kommen ins Gespräch und genießen Croissants mit der Jam, die auf dem Tisch steht. Bei Sonne sind die Glastüren zur Straße geöffnet und Tische draußen. Manchmal gibt es Pianoeinlagen, die auf der Website angekündigt werden.

Adresse: 61 Walcot Street, Bath BA1 5BN, Tel: 0044 (0)1225 481159
Internet: www.samskitchendeli.co.uk
Öffnungszeiten: Montag – Samstag 8.00 – 17.00 Uhr

GREEN 1967

☞ The Circus Café and Restaurant

Ganz in der Nähe des Royal Crescent liegt dieses Restaurant, das ein gelobter Klassiker in Bath ist. Deswegen sitzt man hier mit Einheimischen zusammen und es geht elegant, aber völlig unprätentiös zu. Man isst auf zwei Ebenen und Sie sollten reservieren, damit Sie einen Platz im Erdgeschoss bekommen, dort sitzt man viel gemütlicher als unten. Auf der Karte finden sich lokale Spezialitäten wie Muscheln oder Englische Kalbsleber, raffiniert mit Blumenkohl-Pürree und Ingwer kombiniert. Ab 10 Uhr können Sie hier auch frühstücken, zwischen 15 und 17 Uhr werden Buttermilch Scones serviert.

Adresse: 34 Brock Street, Bath BA1 2LN, Tel: 0044 (0)1225 466020
Internet: www.thecircuscafeandrestaurant.co.uk, Öffnungszeiten: Montag – Samstag 10.00 – 0.00 Uhr (letzte Bestellung 22.30 Uhr), Sonntag geschlossen

☞ Babington House

Die Keimzelle der berühmten Soho Houses liegt versteckt im schönsten Grün in der Nähe von Frome und zwischen Mells und Kilmeston. Zutritt haben nur Mitglieder und Hotelgäste – zu den 32 Zimmern, die im gemütlich modernen Country Stil eingerichtet sind, der sehr britischen Bibliothek, den riesigen Gärten und dem großen Spa. Fünf Tennisplätze gehören zum House, ein See und die historische Babington Church. Auch deshalb ist das Babington House sehr beliebt für Hochzeiten und wegen des sicheren Stilmixes, der schönste Postgartenidylle und klassisch britisches Landleben mit einer gehörigen Portion Lässigkeit versieht.

Adresse: Babington near Frome, Somerset BA11 3RW
Tel: 0044 (0)1371 812266
Internet: www.babingtonhouse.co.uk, Preise: DZ ab 218 Euro ohne Frühstück

BOVEY CASTLE
on
DARTMOOR NATIONAL PARK

BOVEY CASTLE

Mitten im Dartmoor liegt dieses Herrenhaus aus dem 18. Jahrhundert, das eine bewegte Geschichte hinter sich hat. Während des Ersten Weltkriegs war es ein Genesungsheim, im Zweiten Weltkrieg ein Militärhospital und wurde 1946 zum Hotel. Später kam ein Golfplatz hinzu, der zu den besten des Landes zählt – und schon wenn man vorfährt merkt man, dass es hier etwas snobby und very british zugeht. Geländewagen und auch ein Rolls Royce stehen auf dem Parkplatz, ein Page in Tweed-Knickerbockern nimmt den Autoschlüssel entgegen – und vorbei an Gummistiefeln und Hundehandtüchern geht es in die hochherrschaftlichen Hallen. Riesige Wandteppiche, Geweihe, schwere Möbel und prasselnde Kamine prägen die Atmosphäre. Auf den Polstern haben es sich Familien gemütlich gemacht und eine Heerschar von Kellnern serviert Drinks – und Cream Tea. Nehmen Sie ihren auf der Terrasse ein, mit Blick auf die grünen Hügel. Das Castle ist der perfekte Ausgangspunkt für Ausflüge in das umgebende Dartmoor. Es wird Fliegenfischen angeboten, Tontauben- und Bogenschießen und der Besuch der Falknerei mit den Adlern Artemis und Rosie und dem Uhu Merlin. Es gibt einen Reitstall und mit den Bovey Rangern können Kinder das Moor erkunden. Außerdem gibt das Luxushotel mit seinen 64 Zimmern und Lodges einen kleinen Guide heraus, der erklärt, wie man sich laut „Country Code“ am besten kleidet und der übersichtlich Walks beschreibt, die von vier bis zu zehn Kilometern reichen.

3 Bovey Castle Adresse: North Bovey, Dartmoor National Park, Devon TQ13 8RE Tel: 0044 (0)1647 445000 Internet: www.boveycastle.com Preise: DZ ab 285 Euro ohne Frühstück

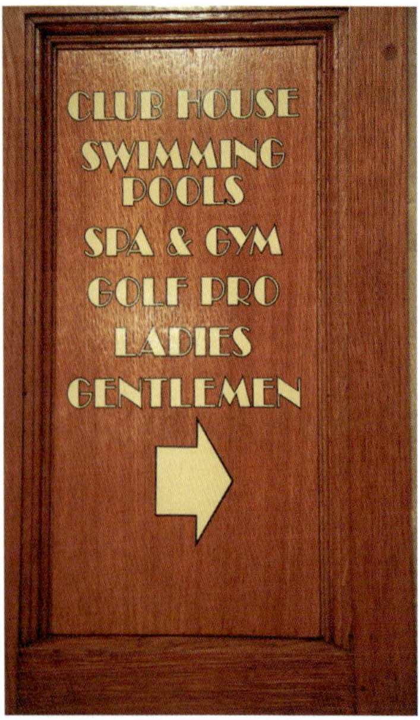
CLUB HOUSE
SWIMMING
POOLS
SPA & GYM
GOLF PRO
LADIES
GENTLEMEN

☞ Ring of Bells Inn

Ein lauschiger Ort aus dem 15. Jahrhundert mitten im Dartmoor. Mit schweren Eichentüren, altem Gebälk und hübschen, gemütlichen Zimmern, in denen offene Kamine prasseln. Dazu gibt es ein Pub-Restaurant, in dem man mit Einheimischen zusammensitzt und saisonale Küche serviert wird, gutes Ale und ausgesuchter Wein. Das traditionelle Inn ist die wunderbar hemdsärmelige Alternative zum Bovey Castle, zu erreichen über einen verwunschenen Wanderweg und in das man zum Beispiel auf einen Cream Tea einkehren kann.

Adresse: The Village, North Bovey, Dartmoor National Park, Devon TQ13 8RB
Tel: 0044 (0)1647 440375, Internet: www.ringofbells.net, Preise: DZ ab 85 Euro inkl. Frühstück, Öffnungszeiten: Täglich 10.00 – 23.00 Uhr

☞ Dartmoor

650 Quadratkilometer ist die Hügellandschaft mit seinem Moos, Ginster und Heide groß und berühmt für seine Tors, flache Wiesenhügel mit hohen Felsen. Am schönsten ist es, das Dartmoor in Ruhe zu durchqueren. Auf Pferden oder auf den vielen Wanderwegen durch Wälder, Täler, vorbei an Ziegen, Schafen, Galloways und prähistorischen Stätten. Einst war der Nationalpark eine Hochebene aus Granit, heute erinnert er an die Landschaften aus „Herr der Ringe“. Und Achtung: Finden Sie dort eine Box, öffnen Sie sie. Ist darin ein Stempel und ein Buch, sind Sie Teil des Dartmoor-Letterboxing geworden. Schreiben Sie etwas hinein und folgen Sie den Anweisungen zum nächsten Fundort.

Zahlreiche Guides und Broschüren finden Sie bei der Dartmoor National Park Authority unter: www.dartmoor-npa.gov.uk

HOTEL ENDSLEIGH

Inmitten grüner Idylle liegt der kleine Granitpalast, den der Duke von Bedford Mitte des 19. Jahrhunderts erbauen ließ, um seinem steifen Familiensitz Woburn Abbey zu entfliehen. Noch heute sind originale, handbemalte Tapeten in den Zimmern zu bestaunen, geschützt hinter Plexiglas. Olga Polizzi, Tochter des berühmten Hoteliers Lord Forte und Designerin der Rocco Forte Collection, hat den Landsitz 2005 gekauft und mit unfehlbarem Stil ausgestattet – mit edlen Stoffen, warmen Farben, aufwändigen Vertäfelungen, Antiquitäten und zeitgenössischer Kunst. Es stimmt jedes Detail. Kleine bronzene Eulen und Hasen stehen als Stopper an den Türen, Recamiere am Fenster, so dass man in die Landschaft und auf das Flüsschen Tamar blicken kann, dämmert es, werden Teelichter angezündet. Ein besonderer Service: eine kleine Bar, in der sich jeder, der nicht schlafen kann, bedienen kann. Sitzt man auf der Terrasse, schaut man auf den Fluss und eine Baumlandschaft, die wie ein englischen Landschaftsgemälde wirkt. Der gefeierte Landschaftsarchitekt Humphry Repton hat die Gärten einst angelegt, in denen sich sanfte Wildnis, blühende Blumenbeete und Wiesen abwechseln. Dort ist ein Croquet-Spiel aufgebaut und wandelt man durch den Rosengang kommt man zu einer Grotte, deren Wände mit glänzenden Muscheln übersäht sind. Das Endleigh ist ein intimes Hotel mit 16 Zimmern und wollen Sie nur kurz vorbeischauen, können Sie das beim Lunch Menu (ab 22 Euro), Dinner oder Cream Tea tun.

4 Hotel Endsleigh Adresse: Milton Abbot, Tavistock, Devon PL19 0PQ
Tel: 0044 (0)1822 870000 Internet: www.hotelendsleigh.com
Preise: DZ ab 205 Euro inkl. Frühstück

☞ Cream Tea

Der Cream Tea ist eine perfekte Möglichkeit, das Endsleigh zu genießen. Angerichtet wird er im Salon: mit köstlichen Scones, Clotted Cream und handgemachten Marmeladen, kleinen Küchlein und herrlichen Gurken- und Lachstoasts. Bestellen Sie beim Kellner den gewünschten Tee, lüpfen Sie die Glasglocken und bedienen Sie sich selbst. Am besten suchen Sie sich einen Platz auf der Terrasse und lassen den Blick über den Garten, die herrliche Landschaft und hinunter zum Tamar River schweifen.
Der Cream Tea wird zwischen 15.30 und 17.30 Uhr serviert und kostet 23 Euro.

RIVER COTTAGE DELI & CANTEEN

Viele der Zutaten haben nur einen kurzen Weg auf die Holztische dieses Organic Restaurants. Die meisten von ihnen kommen von der eigenen Farm oder aus Betrieben, die maximal fünf Kilometer entfernt liegen. Zehn wechselnde Gerichte werden auf einer Kreidetafel angeboten, darunter köstlich frisches Bruscetta mit Dicken Bohnen, Ticklemoor Ziegenkäse & Mint, gebratene Sardinen und ein Burger mit Hugh's Farmmeat von der ökologischen Craig Farm in Nord Wales. Perfekte Begleiter zu den Gerichten sind der Luscombe Organic Cider aus Devon, der nicht allzu stark und ein guter Einstieg in die Welt des Ciders ist oder das Stingerbeer aus ökologisch angebauten und handgepflückten Nesseln. In dem großen, lichtdurchfluteten Raum, der an eine alte Scheune erinnert, baumeln schwarze Industrielampen von der Decke und an den Wänden hängen große Fotos von der Farm, die der Fernsehkoch Hugh Fearnley-Whittingstall 1998 kaufte, um dort sein eigenes Gemüse anzubauen. Daraus ist mittlerweile ein kleines Imperium entstanden. Im River Cottage HQ werden Koch-, Garten-, Fleischer-, und Bäckerkurse angeboten, es gibt eine ganze Reihe eigener Produkte, Kochbücher, Fernsehauftritte – und diese Canteen. Hier geht es völlig unprätentiös zu, Kinderwagen werden an den Tisch geschoben, Tische aneinandergerückt und es ist erfrischend, auch viele ältere Menschen in diesem von London angehauchten Setting zu sehen.

5 River Cottage Deli & Canteen Adresse: Trinity Square, Axminster, Devon EX13 5AN Tel: 0044 (0)1297 631862 Internet: www.rivercottage.net Öffnungszeiten: täglich 9.00 – 17.00 Uhr, Mittwoch – Samstag auch 18.30 – 21.00 Uhr

CHUNK
NEW!
STEAK, PARSNIP
+ HORSERADISH
PIE £3.50
TOM'S FREE RANGE
CHICKEN + LEEK
PIE £3.50

BEERS
CIDER
CORNSTARCH CUTLERY

Whitehouse Hotel

Dieses Bilderbuchherrenhaus liegt so versteckt am Ende einer schmalen Dorfstrasse, dass man beim ersten Mal prompt daran vorbei fährt. Gerade mal sechs Zimmer hat es und ist in einem perfekten Mix aus urbanem Chic und ländlicher Einfachheit eingerichtet, mit geöltem Holz, Kronleuchtern, gemütlichen Sofas und mit viel Weiß, wie der Name schon sagt. Bei Sonne kann man in dem großen Garten relaxen, in kleinen Nischen oder auf stylischen Gartenmöbeln, die allerdings fast schon zu modern für das authentische Anwesen sind. Aber auch Regen ist hier kein Problem. Im Salon prasselt der Kamin, eine Bibliothek gibt es, Schachspiele und angesagte Magazine. Oder man macht es sich im Zimmer unterm Dach gemütlich und hat man sich erstmal in die dicken Decken gehüllt und Fairtrade Dark Chocolate mit Minze aus der Minibar genoßen, will man gar nicht mehr vor die Tür. Gut, dass es ein Hotel-Restaurant gibt und in dem serviert Restaurant-Chefin und Mitbesitzerin Alyson Watt Köstlichkeiten wie Wildkräutersalat, Moule frites, dazu gibt es sehr gutes selbst gebackenes Sauerteigbrot und zum Dessert ein Pfirsich-Meringue-Türmchen, das einfach himmlisch ist. Ihre Zutaten sind lokal und saisonal und auch viele Einheimische sind regelmäßige Gäste. Das Whitehouse Hotel in dem Küstenörtchen Chillington ist das erste Projekt von Alyson und ihren Freunden Tamara und Matt, die sich alle noch aus Studienzeiten kennen. Mittlerweile haben sie gemeinsam auch einen Farmshop und das Beachhouse Cafe eröffnet.

6 Whitehouse Hotel Adresse: Chillington, Kingsbridge, Devon TQ7 2JX
Tel: 0044 (0)1548 580505 Internet: www.whitehousedevon.com
Preise: DZ ab 205 Euro inkl. Frühstück

☞ Farm Shop

Der Farmshop von Alyson, Tamara und Matt bietet ein best of the best aus Devon, Cornwall und dem Rest von England. Die Auswahl reicht von Tyrell Chips, den köstlichen Crackern der The Fine Cheese Co. aus Bath, Obst und Gemüse von den umliegenden Farmen zu Ginger Beer von Luscombe.
Im hinteren Teil des Shops werden in einem kleinen Café Snacks und Teatime serviert. Köstlich ist die Tarte mit Marmelade, ein Devon-Special, das mit anderen selbst gebackenen Kuchen mehr als einladend auf einem alten Holztisch präsentiert wird. Die gegrillten Gemüse und Salate, die in der Theke im Shop angeboten werden, kann man auch im Café bestellen.

beachhouse
WE ARE OPEN EVERYDAY 9am -
TODAYS LUNCH SPECIALS....
- GOATS CHEESE & CANDIE WALNUT SALAD 7.50
- HOT BRIE, BALSAMIC SHALLOT & ROASTED TOMATO OPEN SANDWICH. 6
- BUCATINI PASTA WITH CHILLI, GARLIC, PARSLEY & SALCOMBE CRAB 12
- STEAK SANDWICH WITH CARAMELISED ONION & MUSTARD MAYO 12
- CROQUE MADAME (MATURE CHEDDAR, STOKELEY BARTON HAM & FRIED EGG TOASTED SANDWICH) 6.50
- PANFRIED PRAWNS IN GARLIC BUTTER 7.50
For 2 CRACKD CRAB WITH 1/2 LOBSTER & CHILLI PRAWNS 38

BEACHHOUSE

Das hellblaue Holzhäuschen mit direktem Blick aufs Meer und auf die Küste liegt inmitten der Natur und ist ein Traumszenario für frischesten Krebssalat, Fisch und Meeresgetier und dazu am besten ein Ginger Beer. Es geht ganz im Surfer-Style sehr lässig und sympathisch zu. Bevor es ihn nach South Milton Sands verschlagen hat, stand der Koch in London an den Töpfen und man kann ihm dabei zuschauen, wie er leidenschaftlich einen Lobster auseinander nimmt und anrichtet. Oder man schnappt sich sein Ginger Beer und lässt einfach die Seele baumeln, bei gutem Wetter an den Holz-Picknicktischen, die im Sand auf der Terrasse stehen oder im heimelig Beachhouse selbst. Durch die Fenster rundherum ist auch dort das Meer immer nah und bei stürmischer See hört man es durch die perfekt unperfekten Holzwände rauschen. Manchmal steht auch Alyson aus The Whitehouse Hotel, zu dem das Beachhouse gehört, in der Küche. Zum Frühstück, das man in herrlicher Morgenbrise ab neun Uhr morgens bestellen kann, gehören Frittata Ciabattas, ein üppiges Beachhouse Breakfast mit Würstchen, Speck, Champignons und Spiegeleiern oder Toast mit Marmelade. Vieles kann man auch Mitnehmen. Als Snacks für den Strand werden Frühstücks-Sandwiches und Pastys angeboten. Aber eigentlich gibt es keinen besseren Ort als die Beachhouse-Terrasse selbst.

7 Beachhouse Adresse: South Milton Sands, Devon TQ7 3JY
Tel: 0044 (0)1548 561144 Internet: www.beachhousedevon.com
Öffnungszeiten: Juli und August: Täglich 9.00 – 21.00 Uhr,
Rest des Sommers: Täglich 9.00 – 17.00 Uhr, Winter: Sonntag – Donnerstag 10.00 – 16.00 Uhr, Freitag und Samstag 9.00 – 21.00 Uhr

Come on
in we're
open

hing, somewhere went terribly wrong.

ROCKFISH SEAFOOD & CHIPS

Im schönsten Meerestürkis leuchtet die Fassade des RockFish, das die stylische Restaurant-Variante eines Fish & Chips Imbisses ist. Mit Blick auf den Hafen von Dartmouth werden hier prickelnd frische Austern, South Devon Krebse, Brixham Sprotten Filets, Dorsch, Schellfisch und Heilbutt, ganz schlicht in Butter gebraten und mit Chips und Tartare Sauce serviert und die klassischen Fish & Chips – und das alles nicht auf Tellern, sondern in schicken schlichten Take Away-Schächtelchen. Und darin kann man jedes Gericht auch mitnehmen. Während man an der Bar einen Drink nimmt, wird es in der offenen Küche frittiert, gebraten oder gegrillt. Jeden Morgen wird der Fisch frisch aus den Markthallen im nahen Brixham geliefert und ein besonderes Augenmerk wird auf nachhaltig gefischte Sorten gelegt. Das RockFish ist eines der drei Restaurants von dem Chef Mitch Tonk, einer Institution in Sachen Meerestiere. Seit er 1995 seinen Job als Buchhalter schmiss und ohne Ausbildung, aber mit rasender Leidenschaft für Fisch sein erstes Restaurant in Bath eröffnete, hat er sich hoch gekocht, mehrere Kochbücher herausgebracht – und sogar eine App rund um den Fisch. Das RockFish ist unprätentiös und maritim, die Wände sind mit weißem Holz verkleidet, an denen jede Menge Bilder hängen. Aquarelle mit Meeresgetier, Grafiken mit Fischsorten – und jede Menge Kinderzeichnungen, denn auf jedem der Tische stehen Buntstifte bereit, um nach Lust und Laune die Papiertischdecken zu bemalen.

8 RockFish Seafood & Chips Adresse: 8 South Embankment, Dartmouth, Devon TQ6 9BH Tel: 0044 (0)1803 832800 Internet: www.rockfishdevon.co.uk Öffnungszeiten: Täglich 12.00 – 21.30 Uhr

Fish & Chips
ROC
TOMORROW'S FISH
8

FISH
ILL IN THE SEA
Crab
&
Lobster
TASTIEST GUIDE ON THE WEB
FISH FIGHT

ROCKFISH

Girl Power to the UAE!
Fish so fresh tomorrow's are still in the sea
Sandhurst here we come!
Fish so fresh tomorrow's are still in the sea

☞ The Seahorse Restaurant

Gleich nebenan liegt eine feinere Variante aus dem Mitch Tonk Fischimperium. In eleganter Atmosphäre werden hier auf den Punkt zubereitete Fisch- und Fleischgerichte serviert – ohne großes Chichi, mit ein paar schlichten Kräutern, etwas Gemüse oder Salat, die sich ganz auf die umwerfende Qualität der Zutaten verlassen. Die Karte wird nach den Fängen des Tages zusammengestellt und konzentriert sich auf ein best-of. Regelmäßig lädt Mitch Tonk andere Chefköche ein, die in der offenen Küche ihr eigenes Menü zusammenstellen.

Adresse: 5 South Embankment, Dartmouth, Devon TQ6 9BH
Tel: 0044 (0)1803 835147, Internet: www.seahorserestaurant.co.uk
Öffnungszeiten: Dienstag 18.00 – 22.00 Uhr, Mittwoch – Samstag 12.00 – 15.00 Uhr und 18.00 – 22.00 Uhr, Sonntag 12.30 – 14.30 Uhr, Montag geschlossen

Mitch Tonks
fish
the complete fish
& seafood companion
'Mitch Tonks is a fish maestro and this book is not only filled with wonderful recipes, but doubles as a first-class work of reference.'

☞ Café Alf Resco

Dieses Café in Lower Dartmouth ist so ein richtiger Traveller-Hangout, wie man ihn auf Reisen liebt. Die Atmosphäre ist sehr lässig, man rückt an größeren Holztischen zusammen und hier kommt niemand nur kurz vorbei, um einen Kaffee hinunterzustürzen. Dafür ist er viel zu gut! Genauso wie die verschiedenen Frühstücke, bei denen sich die Dartmouther hier ganz entspannt alle Zeit der Welt nehmen. Das Publikum ist bunt gemischt, es werden kleine Snacks und auch Lunch serviert. Über dem Café betreibt das Alf Resco ein B&B mit zwei Zimmern und vermietet eine Wohnung mit Balkon und Blick übers Wasser.

Adresse: Lower Street, Dartmouth, Devon TQ6 9AN
Tel: 0044 (0)1803 835880
Internet: www.cafealfresco.co.uk
Öffnungszeiten: Täglich 7.00 – 14.00 Uhr

LIVE LOVE
CAFÉ ALF RESCO
DARTMOUTH
LAUGH
OPEN
BREAKFAST
COFFEE & LUNCH
OPENING TIMES
7AM - 2PM
7 DAYS A WEEK
OPEN

TELEPHONE

St. John's Church
Open

DER SÜDEN: UNENTDECKTES CORNWALL

Der Küstenabschnitt mit seinem Hinterland, das sich von Plymouth südwestlich Richtung Truro erstreckt, ist ein herrlich unaufgeregter Teil Cornwalls – und der authentischste. Meilenweit entfernt von den aufgehübschten Küstenörtchen, in denen sich ein Souvenir- und Cornish-Seasalt-Geschäft an das andere reiht, zeigt sich die Idylle hier auf ihre ganz eigene Weise.
Hier halten sich Tourismus und Alltagsleben noch die Waage. Natürlich liegt hier nahe St. Austell das Eden Project, doch die Umgebung bleibt von den Massen weitgehend unberührt. Und auch das Fischerdörfchen Looe ist durchaus auf zahlreiche Gäste eingestellt, hat sich aber gleichzeitig seinen rauen Charme bewahrt.
In Truro ist nicht nur die Kathedrale zu besichtigen, die 1910 fertig gestellt wurde und die gesamte Stadt überragt, es gibt gut sortierte Buchläden, eine kleine Topshop-Dependance, Marks & Spencer und wer auf den Stühlen tanzen möchte, sollte in eines der Konzerte in der Truro Hall of Cornwall gehen. Wenn dort Coverbands von Take That bis Led Zeppelin aufspielen und sogar The King himself, Elvis, auftritt, gibt es kein Halten mehr.
Die kornische Riviera mit ihren schmalen Buchten, Flusseinmündungen und zerklüfteten Felsen war einst ein Schmugglerparadies, allen voran das Örtchen Kingssand. Heute hingegen kann man dort in der Westcroft Gallery, einer der besten Galerien der Gegend, moderne Kunst und Fotografie sehen, die Küste entlang marschieren und hervorragend essen. Schön ist es mit der Cawsand Fähre von Plymouth hinüber zu schippern.

LOVE

BOTELET

Schon die Anfahrt macht glücklich. Durch saftige Wiesen und zwischen hohen Hecken führen kleine Schilder durch einen grünen Irrgarten zu dem Farmhaus, das 1884 erbaut wurde. Und kaum ist man angekommen, stürmt auch schon Julie durch den Garten und heißt einen so herzlich willkommen, dass man es gar nicht abwarten kann, ihr ins Haus zu folgen – in die große gemütliche Stube mit offenem Kamin und einer langen Tafel. Überall stehen frische Blumen, liegen bunte Kissen, hängen Fotos. Denn das Botelet ist ein wahres Familienhotel. Julie führt es mit ihrem Bruder Richard, die Eltern leben nebenan und regelmäßig kommt der Onkel, um in Breitcord-Hosen und mit neckischem Halstuch stilvoll die Rosen zu stutzen. Sitzt man mit Julie zusammen, möchte man die Farm eigentlich nicht mehr verlassen. Dampfender Tee und Espresso werden serviert, zum Frühstück gibt es das unschlagbar beste Granola, hergestellt von ihrer Mutter, und frische Früchte aus dem Garten. Überall liegen Interior Design Magazine – und man selbst sitzt im schönsten Landhaus-Setting mit gewienerten Steinböden und ausgesuchten Stoffen. Auch in den beiden Schlafzimmern im ersten Stock mit antiken Betten und zart getünchten Wänden, an denen schon mal ein Rahmen um einen Farbfleck gehängt wird, der so zu einem Gemälde wird. Das Botelet hat auch Cottages mit Selbstversorgung, Campgrounds und ein besonderes Erlebnis ist es, in einer der beiden Jurten auf dem Feld zu übernachten.

9 Botelet Adresse: Herodsfoot, Liskeard, Cornwall PL14 4RD
Tel: 0044 (0)1503 220225 Internet: www.botelet.com
Preise: DZ 90 Euro inkl. Frühstück, Jurte (3 Nächte, 2 Personen) 235 Euro

Ein Gespräch mit Julie Tamblyn

die gemeinsam mit ihren Bruder Richard das Botelet führt

Das Botelet blickt auf eine lange Geschichte.

Das Haus selbst taucht schon 1042 im Domesday Book auf, 1884 haben meine Urgroßeltern schließlich das Haupthaus erbaut. Ab den 1930ern hat meine Großmutter es als B&B geführt, dann meine Mutter und vor 12 Jahren haben mein Bruder und ich es übernommen. Während er sich sehr für Design interessiert, kümmere ich mich um die Gäste.

Ihr Bruder hat einen guten Stil.

Ja, er kombiniert altes mit modernen Elementen. Das meiste aber ist noch original aus unserer Kindheit. An dem großen Holzgestell über dem Kamin wurde früher der Schinken getrocknet, an dem großen Tisch saßen wir schon als Kinder, die Waschbecken hat bereits meine Großmutter angeschafft.

Was ist Ihre Philosophie?

Wir wollen so nachhaltig wie möglich leben. Das haben wir schon als Kinder beigebracht bekommen. Ob es um das Essen geht, 80% des Frühstücks ist biologisch angebaut, oder um die Einrichtung. Wir haben gelernt, die Dinge zu schätzen, gut zu behandeln und zu erhalten. Es gibt hier und da auch neues Design. Wenn mein Bruder in London ist, streift er über Flohmärkte und durch die Secondhand Shops und interessiert sich besonders für Lampen. Er baut auch einiges selber, bemalt die Wände und kauft Freunden selbstgezimmerte Dinge ab wie die Stühle vor dem Kamin.

Beeindruckend, wie herzlich Sie jeden aufnehmen.

Das kennen wir nicht anders und uns gefällt das. Wir haben immer alle zusammen hier gelebt und gemeinsam an der langen Tafel gegessen. So soll es doch sein!

Barbara Tamlyns Granola

Für 6 Personen

Den Ofen auf 130 Grad vorheizen.
Alle trockenen Zutaten (außer den Rosinen) in einer großen Schüssel vermengen, Öl und Sirup hinzufügen und gut mit den Händen vermischen.
Auf zwei flache Backformen verteilen, eine Stunde im Ofen backen und dabei jede 15 Minuten umrühren.
Zurück in die große Schüssel füllen und Rosinen untermischen.

3 Tassen Haferflocken
1 Tasse Mandelstifte
1 Tasse Cashewnüsse
¾ Tasse Kokosnusssplitter
¾ Tl Salz
½ Tasse Sonnenblumenkerne
½ Tasse Kürbiskerne
½ Tasse Hafer- oder Weizenkleie
1/3 Tasse brauner Zucker
1/3 Tasse Ahornsirup oder Honig
1/3 Tasse Sonnenblumen- oder Olivenöl
1 Tasse Rosinen

F.A.O:
Accounts Dept
Port Eliot Estate Office
Port Eliot, St German
Salt
CORN
PL 1
5ND

PORT ELIOT HOUSE & GARDENS

Auf dem Landsitz der St. Germans trifft Jahrhunderte alter hochherrschaftlicher Chic auf Rock'n'Roll – und auf jede Menge Prominenz. Seit Nachfahre Peregrine, 10. Graf von St. Germans, das Anwesen führt, hat er den Exzentriker Robert Lengkiewicz einen Raum mit einem Wandgemälde ausmalen lassen, in dem surreale und apokalyptische Szenen mit Skeletten und Familienporträts zusammentreffen. In einem Salon schreitet eine mit Buchseiten bekleidete Schaufensterpuppe durch eine Tür, daneben hängen Originalgemälde von Sir Joshua Reynolds und davor fläzt sich der Familienhund auf einem antiken, zerschlissenen Samtsofa. Eine Führung durch das glanzvoll abgetakelte und bewohnte Anwesen ist ein Vergnügen, das man sich auf jeden Fall gönnen sollte.
Seine Liebe für die Kunst, sei es Malerei, Musik, Literatur oder Film, zeigt Graf Peregrine alljährlich auch auf seinem Port Eliot Festival. In den Landschaftsgärten werden Stühle aneinandergereiht, große Grills und Ciderstände aufgebaut und dazu gibt es – wie 2010 – eine Retrospektive der Filme von Martin Scorsese, die der Regisseur für das Paradiso Outdoor Cinema zusammengestellt hat, es wird Slam Poetry gegeben, Hanif Kureishi liest und Jay McInerney. Es finden Modeschauen statt, Bands spielen von Folk bis Punk nahezu alles – und überall auf dem gräflichen Grün darf gecampt werden. Britain at its best! Eigenwillig, exzentrisch und unique.

10 Port Eliot House & Gardens Adresse: St. Germans, Saltash, Cornwall PL12 5ND Tel: 0044 (0)1503 230211 Internet: www.porteliot.co.uk Öffnungszeiten: 1. März – 6. Juni und 10. Juni – 15. Juli: Täglich außer Freitag 14.00 – 18.00 Uhr, letzter Einlass um 17.00 Uhr

THE LOST GARDENS OF HELIGAN

Man ist keineswegs alleine, wenn man durch die Lost Gardens of Heligan streift. Bis zu 1000 Besucher wandern täglich durch das vier Hektar große Gut der Familie Tremayne mit Sonnenuhr-, Blumen-, Gemüse-, und italienischem Garten, laufen durch den Dschungel und das Verlorene Tal, lassen von dort aus den Blick über das Örtchen Mevagissey streifen. Zwischen 1770 und 1914 ließen die Tremaynes den Garten nach immer neuen Moden umgestalten, später verwilderte er und wurde von dem Rockmusiker Tim Smit und dem Heligan-Erbe wiederentdeckt. Als sie sich 1990 mit der Machete den Weg durch die Wildnis frei schlugen, waren sie überwältigt, was sich darunter verbarg. Mit einer Gruppe Garten-Enthusiasten legten sie den Garten frei und restaurierten ihn. Jetzt lernen Schulklassen dort die Grundlagen nachhaltigen Anbaus, verharren Blumenfreunde geduldig vor aufpoppendem schwarzen Mohn, versinken Hobby-Botaniker in den antiken Tafeln der Beete. Wie einst werden verschiedene Minzsorten für Arzneien gezogen und alte Gemüsesorten angebaut. 1997 überreichte man eine der ersten dort gereiften Ananas stolz der Queen zur Goldenen Hochzeit. Man sollte etwas Zeit mitbringen, um die kilometerlangen Wege abzulaufen und vielleicht doch mal ein ruhiges Plätzchen zu finden – und um im Lobbs Farmer Shop zu stöbern, der Camel Valley Wein, Organic Cheese, frisches Bioobst und vielen andere gute Produkte des Landes anbietet. Die Auswahl ist so gut, dass viele Anwohner dort ihre Einkäufe erledigen.

11 The Lost Gardens of Heligan Adresse: Pentewan, St. Austell, Cornwall PL26 6EN
Tel: 0044 (0)1726 845100 Internet: www.heligan.com
Öffnungszeiten: April – September täglich 10.00 – 18.00 Uhr, Oktober – März täglich 10.00 – 17.00 Uhr (letzter Einlass jeweils 90 Minuten vor Schließung)

R221

THE PASTY SHOP
Made fresh Daily on the premises
Sarah's Pasties
Come and see Real CORNISH PASTIES being made here daily with Fresh Local Produce
Queue this Way
TEA & COFFEE to TAKE AWAY
OPEN

THE PASTY SHOP

Pasty ist ein kornisches Nationalheiligtum. Die Blätterteigpastete, geformt wie ein D, an der Seite mit einem kräuselnden Rand geschlossen und mit Rindfleisch, Rüben, Kartoffeln und Zwiebeln gefüllt, muss auch nach dem Backen ihre Form und ihre kräftige Konsistenz behalten. So will es die Cornish Pasty Association, die für die Ehre, Qualität und den geschützten Namen der Cornish Pasty kämpft. An jeder Ecke findet man die Kalorienbomben, die einst von den Reichen verspeist wurden und im 17. Jahrhundert das Mahl der Minenarbeiter wurden, da die Pasty leicht zu transportieren ist und man kein Besteck braucht. Probieren Sie sie und das am besten im Pasty Shop in East Looe, der direkt am Hafen liegt. Ab sechs Uhr morgens stehen die Frauen dort um einen Holztisch herum, necken sich als Pasty Prinzessinnen und formen und füllen dabei die Pasteten. Sie empfehlen die saftige mit Steak, gebackenen Bohnen, Kartoffelpüree und Cheddar Cheese, denn längst sind der Fantasie in Sachen Rezept keine Grenzen gesetzt. Bei Sarah, wo seid 22 Jahren Pastys gebacken werden, gibt es neben den Klassikern, zu denen auch Steak und Nierchen gehören, am „fishy Friday" Pastys mit Makrele und Meerrettich, exotische mit Kichererbsen und jeder Menge Gewürzen und in vielen anderen vegetarischen Variationen. Sogar glutenfreie kann man bestellen – und alle in drei verschiedenen Größen. Hunderte Pastys wandern hier am Tag über den Tresen und sind sie ausverkauft, wird geschlossen.

12 The Pasty Shop Adresse: 6 Buller Street, East Looe, Cornwall PL13 1AS
Tel: 0044 (0)1503 263973 Öffnungszeiten: Montag – Samstag 9.00 – ca. 16.00/17.00 Uhr, Sonntag geschlossen

Saturday
Sunday

☞ Fisch aus Looe

Looe ist bekannt für seinen Haifischfang. Da die Tiere bedroht sind, werden sie heute nach dem Wiegen wieder ins Meer zurückgeworfen. Und auch sonst rühmt sich das Örtchen, das durch den Fluss Looe geteilt ist, mit seinem nachhaltigen Fischfang. Es gibt nur Tagesfang und da der Hafen bei Ebbe wenig Wasser hat, sind die Schiffe klein und die Netze auch. Kosten Sie den Fisch in Pengelly's Fischladen direkt am Hafen. Bringen Sie Brötchen mit, die Ihnen belegt werden: mit Makrele, selbstgemachten Patês oder dem Krebssalat – wahlweise aus dem Körper- oder dem Scherenfleisch hergestellt.

Pengelly's Adresse: The Quay, East Looe, Cornwall PL13 1AR
Tel: 0044 (0)1503 262246, Internet: http://pengellys.co.uk/
Öffnungszeiten: Montag – Samstag 8.30 – 16.00 Uhr, Sonntag 10.00 – 16.00 Uhr

BUTTERVILLA FARM

Wir mögen es lässig, sagt Robert Hocking, aber unsere höchste Priorität ist der Geschmack. Seit über 20 Jahren ziehen er und seine Frau Gill Gemüse nach den anthroposophischen Gesetzen Rudolf Steiners, streng nach dem Kalender und ohne Zusätze. Auf der ältesten Bio-Farm Cornwalls haben die Hockings sich auf Tomaten spezialisiert, die sie an Starköche wie Jamie Oliver oder Heston Blumenthal vom weltberühmten Fat Duck liefern. Alte Hippies nennen sich die 60jährigen lachend und genauso entspannt geht es auf ihrer Farm auch zu. Seit die Kinder aus dem Haus sind, vermieten sie zwei Gästezimmer, einfach und gemütlich eingerichtet – und den Rest der Zeit verbringt Robert beim Gang durch das sanft hügelige Gelände und die Tomatenfelder. Pol Robson mit dunklen Kernen und festem Fleisch, Black Krim, fleischig, saftig und süß und kleine, ganz intensive Gelbe sind nur einige der 15 Sorten. Und Robert kennt seine Schützlinge. Manche haben noch einen Monat vor sich, bevor sie auf der Höhe des Geschmacks sind, bei manchen schätzt er drei bis fünf Tage. Aber die sind entscheidend. Der Oregano allerdings ist jetzt schon so intensiv, dass er eine phantastische Schärfe hat. Bei den Tomaten wachsen Blumen, damit die Bienen angelockt werden, Felder und Wiesen lassen sie so natürlich wie möglich wachsen, damit die Raubvögel auf Mäusejagd gehen können und vor den Gästezimmern hängen Nüsse, sodass es am Morgen ein Vogelkonzert gibt.

13 Buttervilla Farm Adresse: Polbathic, St. Germans Torpoint, Cornwall PL11 3EY. Fahren Sie rechts neben dem Pub Halfway House den Berg hinauf und biegen Sie dann links ab. Tel: 0044 (0)1503 230315 Internet: www.buttervilla.com Preise: DZ ab 85 Euro inkl. Frühstück

☞ Funky Leaves

2006 haben Robert Hocking von der Buttervilla Farm, Sean O'Neill von der Organic Keveral Kommune und Brian Cavendish and Kevin Austin von Skye Grove Funky Leaves gegründet. Gemeinsam züchten sie Küchenkräuter, Gewürze und Kleinblattgewächse und experimentieren mit Neuzüchtungen wie dem Austernblatt, das den salzigen Meergeschmack einer Auster hat. Regelmäßig besuchen die Kochschüler von Jamie Olivers Restaurant „Fifteen" die Farmen, lernen nachhaltigen Anbau und pflügen die Felder mit Hilfe der Comtois Zugpferden der Skye Grove Farm.

Internet: www.buttervilla.com/funky

☞ Organic Keveral Community

Gute alte Hippie-Zeit! In der Öko-Kommune Keveral leben 15 Erwachsene und viele, viele Kinder in einem Farmhaus, einer Scheune, Bauwagen, einem Holzhaus und einem umgebauten Schweinestall. Die Häuser sind privat, aber in einem Gästehaus sind Besucher willkommen. Man kann campen, eine Jurte mieten und gegen Kost und Logis bei Bedarf auf den Feldern helfen. Oder einfach mal schauen. Ein schöner Gang ist es, wenn man ungefähr 15 Minuten lang einen historischen Pfad durch die Felder von Seaton nach Keveral läuft.

Adresse: Looe, Cornwall, PL13 1PA
Internet: www.keveral.org
Anfahrtsskizzen gibt es auf der Website.

WESTCROFT GUESTHOUSE

Kingsand ist ein Ort, wie man sich ihn in Cornwall wünscht. Klein, ursprünglich – und direkt am Meer gelegen. Ganz wie das Westcroft Guesthouse, das die kornische Idylle mit dem perfekten Tupfer lässigen Glamours versieht. Mit Rock'n'Roll Chic, zu dem Porträts von Marc Bolan und Iggy Pop gehören, Sixties-Lampen, Bilder von Irving Penn, Love-Kissen und kunstvollen Tapeten mit Kirschblüten, mit antiken griechischen Motiven, Blumenranken oder viktorianischen Mustern. Vor petrolfarbener Wand steht ein knallgrüner Sessel, in der Honeymoon Suite schaut man durch Dachfenster in den Himmel, alles ist funky, romantisch und perfekt inszeniert. Ganz vorne im Haus sind zwei Zimmer mit Kamin und Self-Catering, in die sich immer mal wieder Schriftsteller zurückziehen, der Innenhof ist lauschig begrünt und sitzt man gemeinsam beim Frühstück, schaut man aufs Meer, das nur wenige Meter entfernt ist. Seit vier Jahren betreiben Sarah und Dylan Mclees-Taylor das B&B in der einstigen Herberge einer Poststation von 1760 – samt Galerie. Und von Provinz keine Spur. Die beiden stellen Londoner Fotografen und spannende Künstler der Umgebung aus. Wer möchte, kann sich für den Aufenthalt ein Bild für sein Zimmer aussuchen, das Dylan dann dort aufhängt. Doch eigentlich ist das gar nicht nötig. Denn untermalt von Meeresrauschen bietet das Westcroft Guesthouse die schönsten Innenansichten und Aussichten.

14 Westcroft Guesthouse Adresse: Market Street, Kingsand, Cornwall PL10 1NA Tel: 0044 (0)1752 823216 Internet: www.westcroftguesthouse.co.uk Preise: DZ ab 110 Euro inkl. Frühstück. Von Plymouth kann man mit der Fähre übersetzen.

Ein Gespräch mit Sarah und Dylan Mclees-Taylor

Besitzer des Westcroft Guesthouse

Kingsand scheint der perfekte Ort zu sein. Hier geht es so entspannt zu.

Und das selbst im August, denn der Parkplatz, der zum Ort gehört, ist so klein, da passen einfach nicht zu viele Besucher drauf. Aber überhaupt gehen die Uhren hier anders. Als Sarah hier frisch aus London ankam, wurde sie immer ganz nervös, weil selbst Milch zu kaufen mit all den Freundlichkeiten und Plaudereien fast eine Stunde gedauert hat. Jetzt braucht sie selbst für die kleinsten Einkäufe zwei.

Und trotzdem ist Ihr Guesthouse ganz am Nabel der Zeit.

Wir waren schon immer in der Kunst- und Modeszene unterwegs, uns interessiert Musik und Design. Das versuchen wir in unserer Galerie und in unserem B&B auszudrücken.

Versehen mit Romantik.

Oh ja, wir mögen es sehr, wenn die Honeymooner kommen, wir haben Muschelherzen, die wir an die Tür hängen und unsere Suite unterm Dach hat das romantischste Badezimmer überhaupt. Außerdem sammeln wir Steine in Herzform, die wir als romantisches Give away verschenken.

Sie hüten auch schon mal die Kinder Ihrer Gäste.

Wenn es passt, nehmen wir sie auch schon mal mit zum Strand. Das sehen wir nicht als besonderen Service an. Für uns ist es vielmehr eine Selbstverständlichkeit, weil es uns sehr viel Spaß macht. Wir wollen unser Haus offen und freundlich gestalten und mit der Möglichkeit, dass jeder machen kann, was er möchte. Entspannter Rückzug ist dabei ebenso möglich wie gemeinsam zusammenzusitzen oder sich nebenan im Devonport Inn, unserem Lieblingspub, zu treffen.

Irving Penn Portraits

HOME

The Devonport Inn

THE DEVONPORT INN

„Liebe Gäste, wenn Ihr Eure Drinks mit an den Strand nehmen wollt, fragt uns einfach nach Plastikbechern“, steht auf einem Schild neben der Bar. Schließlich schlagen die Wellen direkt vor dem Restaurant an die Kaimauer. Doch man kann sich gar nicht entscheiden, wo man eigentlich sitzen will. In der gemütlichen Stube in hellem Holz gehalten, mit einer Kreidetafel mit den Specials des Tages, auf den Stühlen vor der Tür oder an den Stehtischen direkt am Geländer am Meer. Jerome Leopold, der das Restaurant mit seiner Frau Dawn vor einem Jahr aus seinem Dornröschenschlaf geweckt hat, geht selber fischen und serviert andere Köstlichkeiten dazu. Eine perfekte Kombination sind die Miesmuscheln mit Koriander, dazu dicke goldene Chips, ganz down to earth und einfach köstlich und als Beilage dicke Bohnen und Erbsen, nur mit Butter und mit viel eigenem Aroma serviert. Herrlich cremig ist das Erbsen- und Kräuterrisotto mit Trüffelöl und schön frisch der Krabbensalat. Drauf folgt ein Sticky Toffee Pudding mit Cornish Clotted Cream, eine cremige, weich zerfließende und herrliche Sünde. Im Devonport Inn treffen sich Urlauber und Anwohner, man kennt sich, hält einen Schwatz, aber lässt jeden in Ruhe, der einfach das gute Essen und den Blick aufs Meer genießen möchte. Während die Sonne untergeht und ein einsamer Schwimmer weit draußen im Meer seine Bahnen zieht, versteht man, warum diese Ecke Cornwalls The Forgotten Corner genannt wird und möchte, dass es auf jeden Fall so bleibt.

15 The Devonport Inn Adresse: The Cleave, Kingsand, Cornwall PL10 1NF
Tel: 0044 (0)1752 822869 Internet: www.devonportinn.com
Öffnungszeiten: Täglich 11.00 – 0.00 Uhr

The Devonport Inn
FRE

Sun 12-3pm
- Cumberland Sausages with Mashed Potato and Onion Gravy £10
- Grilled Loch Scallops with a Lemon and Herb Crust £7 or as a Main with New Potatoes £15
Sandwiches: Choice of
Side Dishes
All £2
New Potatoes, Mashed Potatoes,
Seasonal Vegetables
Fresh Bread £1.50
Todays Specials:-

☞ The View

Der Name kommt nicht von ungefähr. Von diesem Restaurant hat man phantastische Blicke auf Küste und Meer. Durch die Glasfront oder von den Tischen auf der Terrasse. Der hoch gelobte Chef Matt Corner kann es sich mitunter nicht verkneifen, bei guten Wellen surfen zu gehen. Doch auch sein Souschef hat die Speisen im Griff: die Scholle mit Kapern, den berühmten cremigen Cornwall Kartoffeln und Schwarzkohl, ganz schlicht auf den Punkt gebracht, oder das perfekte Risotto mit Tintenfisch und Langusten.

Adresse: Treninnow Cliff Road, Millbrook, Cornwall PL10 1JY
Tel: 0044 (0)1752 822345, Internet: www.theview-restaurant.co.uk
Öffnungszeiten: 1. April – 31. Oktober Montag – Freitag 12.00 – 13.45 Uhr und 19.00 – 20.45 Uhr, Samstag und Sonntag 11.00 – 16.00 Uhr als Café geöffnet

FRESH FROM
THE SEA
Fresh
Fish
100m at top
of hill

THE NATIONAL TRUST

DER NORDEN: DIE KÜSTE VON WATERGATE BAY BIS PORT ISAAC

Nicht zufällig liegen um das Städtchen Newquay herum die berühmtesten Surfspots der Insel. Breite, kilometerlange Sandstrände ziehen sich dort die Atlantikküste entlang und Namen wie Fistral Beach, Towan, Great Western oder Watergate Bay lassen Surfer ins Schwärmen geraten. An deren lässigem Stil hat Jamie Oliver sich orientiert, als er dort das lichtdurchflutete Restaurant Fifteen eröffnete, mit Urban Art an den Wänden und mit einem Ausblick auf Meer und Strand so weit das Auge reicht. Etwas weiter verwandelt sich die Küste in eine raue, zerklüftete Felslandschaft, in der das Fischerörtchen Port Issac in einer engen und abenteuerlichen Bucht liegt. Bei einer Fahrt zwischen Newquay und Port Issac sind aber nicht nur die Ausblicke abwechslungsreich: Während das Scarlet Hotel luxuriösen Öko-Chic und Ruhe bietet, ist in dem Küstenörtchen Padstow, in dem Rick Stein sein Restaurant- und Hotel-Imperium aufgebaut hat, immer schwer was los, dagegen herrscht in Port Issac eine heimelige und sympathisch trutschige Atmosphäre.
Und wenn Sie noch etwas weiter nach Norden fahren, kommen Sie zu einem der sagenumwobensten Orte Cornwalls: Zum Tintagel Castle aus dem 13. Jahrhundert, auf dem laut Artussage der mythische König Artus gezeugt worden ist. Heute ist Tintagel Castle ein Touristenspot. Das Erlebnis, dort die Berge hinaufzuklettern, über Hügelrücken und an den Burgruinen entlang, ist dennoch unverwüstlich. Während einem der Wind um die Ohren pfeift und tief unten an den Klippen die Wellen tosen, hat man großartige Ausblicke auf Wiesen, Felsen und Meer.

THE SCARLET

Das Scarlet ist kein kleines Hotel. 37 Zimmer verteilen sich über drei Etagen des nachhaltig gebauten Hauses, das sich in die Bucht von Mawgan Porth schmiegt. Es ist das Öko-Luxus-Hotel in Cornwall, modern, farbenfroh und verspielt von dem Londoner Designbüro Max Bentheim gestaltet und mit Solar- und natürlicher Klimaanlage, einer Aufladestation für Elektroautos, Biomasseboilern und nachhaltigen Hölzern ausgestattet. Doch trotz der Größe des Hauses und der offenen Struktur finden sich immer auch ein paar ruhige Rückzugsorte – viele davon mit spektakulärem Blick. Glasfronten, die Pools, die Zimmer und die Sonnenterrasse sind alle auf die malerische Bucht, das Meer und die Klippen ausgerichtet, es gibt ein Jacuzzi direkt an den Felsen und ein großes ayurvedisches Spa mit ausgewählten Produkten wie der irländischen Seetang-Kosmetikserie Voya. Ein besonderes Vergnügen ist es, sich den Haushund Jasper zum Strandspaziergang auszuleihen, ein gut erzogener, verspielter und energiegeladener Whippet, der gar nicht genug davon bekommen kann, durch den Sand zu tollen. Und auch sonst hat das Team des Scarlet viele Tipps, kennt die schönsten Wanderrouten die Steilküste entlang, weiß, wo man am besten Makrelen fischen geht oder surfen. Das Restaurant des Hauses, das unter anderem von der Buttervilla Farm beliefert wird, wird von vielen Gästen von außerhalb besucht. Viel Fisch steht auf der Karte, alle Zutaten kommen aus der Umgebung und es wird saisonal gekocht.

16 The Scarlet Adresse: Tredragon Road, Mawgan Porth, Cornwall TR8 4DQ
Tel: 0044 (0)1637 861800 Internet: www.scarlethotel.co.uk
Preise: DZ 210 Euro inkl. Frühstück

☞ Coastal Walk Watergate Bay

Ein schöner Spaziergang, ungefähr 3,5 Kilometer lang und mit großartigen Ausblicken. Parken Sie Ihr Auto, nicht weit von the Scarlet entfernt, unten in Mawgan Porth an der Bucht. Hinter dem Café und der Tankstelle ist ein Parkplatz. Nehmen Sie dann den Weg, der an der linken Seite der Bucht hochführt, ein Schild mit „The Coastpath“ steht dort, und folgen Sie ihm. Sie passieren Berryl's Point, schauen auf den Surferstrand, kommen an der Beacon Cove vorbei und Griffin‘s Point und sehen schließlich den breiten Sandstrand von Watergate Bay. Dort liegt auch das Restaurant Fifteen von Jamie Oliver. Gehen Sie hinter dem Baywater Hotel den Weg herunter, überqueren Sie den Parkplatz und machen Sie dort einen Stopp. Wenn Sie nicht zurücklaufen möchten, ruft man Ihnen gerne ein Taxi.

THE NATIONAL TRUST

FIFTEEN
CORNWALL

FIFTEEN

So unaufgeregt und lässig wie an dem großen Surferstrand, der vor dem Restaurant liegt, geht es auch im Fifteen selbst zu. Das Charity-Projekt von Jamie Olivier, zu dem zwei weitere Restaurants in London und Amsterdam gehören, schult sozial benachteiligte Jugendliche im Restaurantbetrieb, sie schmeißen den Service, bedienen an der Bar und werden zu Chefs ausgebildet. In der offenen Küche des Fifteen erkennt man sie an den weißen Kochmützen, ihre Ausbilder tragen schwarze. Während die Wände des Fifteen mit Urban Art überzogen sind, gibt die große Fensterfront einem das Gefühl, im Freien zu sitzen. Im Sommer kann man das auf einer kleinen Holzterrasse hoch oben über dem Sand. So leichtfüßig wie die Atmosphäre ist auch die Küche. Ganz im berühmten Jamie Oliver-Stil ist sie frisch, saisonal, leicht und mit Kombinationen, die sich ganz auf die Aromen der einzelnen Zutaten verlassen. Die Honigmelone mit Prosciutto und Balsamico ist köstlich, der Büffelmozzarella mit Heritage Tomaten der Buttervilla Farm und mit Pesto von wilder Rauke wunderbar intensiv, ebenso das Panna Cotta mit cornischem Wildblütenhonig und Rhabarber. Dazu gibt es das beste Ginger Beer, das wir hatten: frisch, prickelnd und selbstgemacht. Im Fifteen – benannt nach der Anzahl der Schüler – kann man frühstücken, lunchen und zu Abend essen. Eine gute Dinnerwahl sind die fünfgängigen Tasting Menüs (65 Euro ohne Wein).

17 Fifteen Adresse: On The Beach, Watergate Bay, Cornwall TR8 4AA
Tel: 0044 (0)1637 861000 Internet: www.fifteencornwall.co.uk
Öffnungszeiten: Täglich Frühstück 8.30 – 9.30 Uhr, Lunch 12.00 – 14.30 Uhr,
Dinner 18.15 – 21.15 Uhr (es ergeben sich saisonale Abweichungen)

Ginger Beer

Den Ingwer klein schneiden, die Zitronen auspressen und die Zitronenschale abreiben, den Zucker und die Vanillestange in einen Liter Wasser geben und 10 Minuten kochen lassen. Die Flüssigkeit durch ein Tuch filtern.
Je nach gewünschter Stärke das Ginger Beer mit Mineralwasser auffüllen und bei Bedarf einen zusätzlichen Spritzer Zitrone hinzugeben und mit ein paar Scheiben Ingwer garnieren.

1 kg Ingwer
3 Zitronen
8 El brauner Zucker
1 Vanille Stange
1 l Wasser

CAVIAR

ST. ENODOC HOTEL

Umgeben von Grün und mit Blick auf die nahe gelegene Bucht ist das St. Enodoc ein helles, maritimes Familien-Getaway. Mit 16 Zimmern, vier Familiensuiten und in leuchtenden Farben neu eingerichtet, liegt es an der Mündung des River Camel und ist berühmt für seinen Sternekoch Nathan Outlaw, der dort gleich zwei Restaurants betreibt. Direkt im Hotel das Nathan Outlaw Seafood and Grill Restaurant, in dem man morgens auch frühstückt. Probieren Sie unbedingt das Clotted Cream Porridge, bei gutem Wetter auch auf der Terrasse und stellen Sie sich abends etwas von der Karte zusammen. Neben Vorspeisen wie Austern, Fischküchlein oder einer Blumenkohlsuppe mit Apfel und Walnuss, kombinieren Sie sich das Hauptgericht selbst. Erst wählen Sie den Fisch – von Makrele zu Wrackbarsch – dann als Sauce Safran, Estragonbutter oder Zitronenmayonnaise und dazu eine Beilage wie gegrillte Tomaten, kornische Kartoffeln oder gebutterten Spinat. Auch an Fleisch und vegetarischen Gerichten gibt es eine kleine Auswahl.
Vom Hotel ist es nicht weit zum Strand, es gibt einen Pool und eine Fußgängerfähre nach Padstow.
Noch wirkt das St. Enodoc sehr neu, wenig eingelebt und auch, dass man für die Morgenzeitung an der Zimmertür extra zahlen muss, sind Dinge, die sich mit der Zeit vielleicht ändern. Ein schöner Service allerdings: dass in den Restaurants keine Handys erlaubt sind.

18 St. Enodoc Hotel Adresse: Rock Road, Rock, Cornwall PL27 6LA
Tel: 0044 (0)1208 863394 Internet: www.enodoc-hotel.co.uk
Preise: DZ ab 135 Euro inkl. Frühstück

☞ Restaurant Nathan Outlaw

Er gehört zu den gefeierten Küchenchefs Großbritanniens, hat immer von einem Michelin Stern geträumt, im Januar 2011 gleich zwei bekommen und wurde dazu vom Good Food Guide zum besten Fischrestaurant des Landes gekrönt. Gelernt hat Outlaw bei Eric Chavot, Gary Rhodes und Rick Stein und sich ganz auf Fisch spezialisiert: fangfrisch, ganz auf die Eigenarten des Fisches konzentriert und mit unterstützenden Zutaten. Wie seine Makrele mit Stachelbeere oder Seebrasse mit Safran und einer Tomaten-Tintenfisch-Sauce. Das Tasting Menu kostet 85 Euro, ein begleitendes Wine Tasting 70 Euro.

Adresse: Rock Road, Rock, Cornwall PL27 6LA, Tel: 0044 (0)1208 863394
Internet: www.nathan-outlaw.co.uk, Öffnungszeiten: Dienstag – Samstag 19.00 – 21.00 Uhr, Sonntag geschlossen

St Petrocs Bistro

ST. PETROC'S BISTRO

Es scheint nur noch eine Frage der Zeit, bis das Küstenstädtchen Padstow in Rick Stein Town umbenannt wird. Der preisgekrönte britische Chef ist dort allgegenwärtig. Mit Locations, zu denen mehrere Restaurants und Hotels, eine Patisserie, ein Souvenirshop, eine Kochschule und ein Fish & Chips Laden gehören. Für jeden ist etwas dabei in dem Imperium des Fernsehkochs und Bestseller-Kochbuchautoren, der 1974 in Padstow sein Seafood Restaurant eröffnete. Das Städtchen kennt er schon seit Kindheitstagen, hat sich später aus Oxford dorthin zurückgezogen, aber lebt mittlerweile den größten Teil des Jahres in Australien. Das Rick Stein Bistro, das zu seinem St. Petroc's Hotel gehört, ist die lauschigste seiner Padstow Locations. Ein paar Straßen vom Hafen entfernt und etwas ruhiger gelegen, ist es die preisgünstige Alternative zu seinem Seafood Restaurant – und die familiärste. An alten Holztischen sitzt man in einem lang gezogenen Raum unter moderner Kunst oder im begrünten kleinen Hof. Fisch spielt nicht die Hauptrolle auf der Karte, aber dort ist Lachs mit einer Fenchel-, Tomaten- und Minzsauce ebenso zu finden wie eine Auswahl an Steaks und Pasta mit Auberginen, Tomaten und Feta. Reservieren Sie, denn das Bistro ist beliebt und sind abends alle Tische besetzt, sitzt man gemütlich dicht, aber nicht beengt beieinander und der Raum ist gefüllt von Stimmengewirr.

19 St. Petroc's Bistro Adresse: 4 New Street, Padstow, Cornwall PL28 8EA
Tel: 0044 (0)8141 532700 Internet: www.rickstein.com
Öffnungszeiten: Lunch Donnerstag – Sonntag 12.00 – 14.00 Uhr
und Dinner täglich 18.30 – 21.30 Uhr

☞ The Seafood Restaurant

Die Rick Stein Location in Padstow. Direkt am Hafen liegt sein berühmtes Seafood Restaurant, vor ein paar Jahren vergrößert – und voller mediterraner Geschäftigkeit. Im Halbrund gewölbt und mit großen Fenstern ist es luftig, hell und maritim. Kommen Sie zum Lunch, zu dem ein Drei-Gänge-Menu (43 Euro) angeboten wird, das Sie sich selbst zusammenstellen können. Beim Hummer-Fenchel-Risotto mit Zitronenöl überdeckt keine Zutat die andere, die cremigen kornischen Kartoffeln sind wie immer unschlagbar und die Mélange aus grünen Bohnen, Erbsen und Karotten wunderbar frisch.

Adresse: Riverside, Padstow, Cornwall PL28 8BY
Tel: 0044 (0)1841 532700, Internet: www.rickstein.com
Öffnungszeiten: Täglich Lunch 12.00 – 14.00 Uhr und
Dinner 18.30 – 22.00 Uhr

TERRACE
BAR
OPEN

☞ Stein's Fish & Chips

Eine wunderbar unprätentiöser Ort im Rick-Stein-Reich – und die hohe Schule der Fish & Chips. Direkt am Hafen, kann man von Seehecht zu Scampi zwischen mehr als zehn Fischsorten wählen und ob man sie frittiert, gegrillt oder gekocht haben möchte. Dazu gibt es Zitrone, diverse Saucen und die obligatorischen Chips. Man setzt sich an hohe Holztische und pickt seinen Fisch aus großen Pappschachteln. Auch Frühstück wird angeboten – und alles auch zum Mitnehmen. Eine Dependance gibt es in Falmouth am Discovery Quay (täglich 12.00 – 14.30 Uhr und 17.00 – 21.00 Uhr)

Adresse: South Quay, Padstow, Cornwall PL28 8BL
Tel: 0044 (0)1841 532700, Internet: www.rickstein.com
Öffnungszeiten: Täglich Frühstück 10.00 – 11.30 Uhr, Lunch 12.00 – 15.00 Uhr, Dinner Donnerstag – Samstag 17.00 – 20.00 Uhr

☞ St. Pedroc's Hotel

Über dem St. Petroc's Bistro und in einem der ältesten Häuser Padstows liegen zehn Zimmer mit schmiedeeisernen Betten, Korbmöbeln und in dezenten hellen Farben eingerichtet und mit großzügigen Badezimmern. Von den meisten Zimmern aus hat man einen schönen Blick auf die Stadt, das Wasser oder die St. Pedroc's Kirche, es gibt einen Leseraum mit gemütlichen Sofas und besonders schön ist das lichtdurchflutete, frisch ausgebaute Dachzimmer. Von der Lounge blickt man auf den Garten mit seinem Bambus und Ahorn und hat gar nicht das Gefühl, mitten in dem Städtchen zu sein, das während der Hauptsaison von Touristen schon manchmal überflutet ist. Hier können Sie sich zurückziehen – und bei gutem Wetter in dem kleinen Hinterhof frühstücken.

Adresse: 4 New Street, Padstow, Cornwall PL28 8EA
Tel: 0044 (0)1841 532700, Internet: www.rickstein.com
Preise: DZ ab 165 Euro inkl. Frühstück

RELISH

An den Wänden hängen augenzwinkernd die Siegerfotos: das Relish Team beim Coffee Challenge in Moskau und in Trieste, Hugo Hercod als South West Barista Champion 2007 und 2008 und die Auszeichnung des Guardian, der das Relish zu einem der „besten Coffee Shops Großbritanniens“ krönte. Seit 2006 haben Sarah und Hugo sich ganz dem Kaffee verschrieben und allem Guten, was dazugehört. In ihrem kleinen, einfachen Café, vor dem man auch in einem Hof sitzen kann, bieten sie neben dem besten Kaffee Cornwalls Kleinigkeiten wie Erbsensuppe mit Minze, Sandwiches, Rote Beete in Balsamico und die köstlich pikante Scone-Variation mit Godminster Organic Cheddar und hausgemachtem Apfel-Senf-Chutney. Fragen Sie nach den klassischen Scones – ohne Kräuter – diese Kombination ist die beste. Dazu gibt es eine große Auswahl am Smoothies, pur aus Saft und ohne Yoghurt gemacht. Wer von den guten Dingen noch etwas mitnehmen möchte, der kann das nebenan im Relish Delikatessengeschäft machen. Dort gibt es eine große Auswahl von dem Besten: Cracker und Früchtetoast der Fine Cheese Co. aus Bath, Nüsse von Tiptoes, eine Auswahl an Käsen, Salami, Schinken und Chorizo, ausgesuchte Kaffeesorten, Kleinigkeiten für den Haushalt wie Salatsaucen-Shaker oder Töpfe von Le Creuset. Das Relish liegt nur eine Abbiegung von Wadebridges Einkaufsstraße Molesworth Street entfernt.

20 Relish Adresse: Foundry Court, Wadebridge, Cornwall PL27 7QN
Tel: 0044 (0)1208 814214 Internet: www.relishwadebridge.co.uk
Öffnungszeiten: Dienstag – Samstag 9.00 – 17.00 Uhr

Relish
food & drink

PORT ISAAC

In Großbritannien kennt ihn jeder und auch schon im amerikanischen Fernsehen hat er seinen Siegeszug angetreten: Doc Martin, ein schrulliger Londoner Chirurg, den es als Hausarzt nach Port Isaac verschlägt – und in die schönste kornische Idylle. Denn das kleine Fischerdorf ist ein Schmuckstück: schmale Kopfsteinpflaster-Gässchen, die sich bergauf und bergab durch die schmale Bucht schlängeln, verwinkelte Häuschen und ein kleiner, noch aktiver Hafen, der nicht hoch poliert, sondern etwas rau ist. Seit dem Mittelalter und bis ins 19. Jahrhundert wurde hier Kohle, Schiefer und Keramik verschifft, heute werden vor allem Hummer und Krabben gefischt.

Schön ist es, am Ortseingang an dem großen, ausgeschilderten Parkplatz zu parken und das kurze Stück an dem befestigten Wanderweg ins Örtchen zu laufen. Dort ist nicht gleich jedes Geschäft ein Souvenirladen, auch wenn man ab und zu ein Poster des berühmten Fernsehdoktors im Schaufenster hängen sieht und ein Schild nahe des Hafenbeckens zu seinem Cottage weist.

Jeden Freitagabend trifft sich im Hafen der Shanty Chor The Fisherman's Friends, der bereits die britischen Charts stürmte und über die Grenzen Cornwalls berühmt wurde. Touren die a-capella-Sänger gerade nicht, finden sie sich in alter Tradition in ihrem Heimathafen – und vor vielen Touristen – ein.

Schlendern Sie durch die Gassen von Port Isaac, schauen Sie sich die historischen Cottages an – und beenden Sie Ihren Rundgang mit einem Fischbrötchen am Hafenbecken.

21 Port Isaac

THE HARBOUR KITCHE

THE HARBOUR KITCHEN

Emily Scott, gefeierte kornische Köchin, hatte lange ein Restaurant direkt am Hafen von Port Isaac. Ständig war es ausgebucht, der Stressfaktor stieg – und bevor sie ein neues und größeres eröffnet und irgendwann auch ihr geplantes Kochbuch erscheint, hat sie sich erst mal von dem abendlichen Business zurückgezogen. In ein hübsches Deli, ein niedliches Holzhaus am Hang von Port Isaac, in dem sie erneut zeigt, was für ein gutes Gespür sie nicht nur für das Kochen hat, sondern auch für gemütliches Up-to-date-Design, ganz schlicht und genau auf den Punkt. The Harbour Kitchen ist ein toller Ort, um sich nach einem Spaziergang bei dampfendem Tee auf einem der Hocker niederzulassen, die an einer kleinen Bar an den Fenstern entlang stehen. Serviert wird der in Emaille-Kannen, und dazu reihen sich auf dem hölzernen Tresen selbst gebackene Köstlichkeiten auf. Ganz voran der Pistazien-Kuchen, ein saftiges Erlebnis, hoch begehrt und nach Geheimrezept gebacken. Genauso gut ist der Rosmarin-Zitronen-Kuchen, und auch für die Brownies kommt man immer wieder, den Bananen-Kuchen, die Tartes – und stets ist auch glutenfreies Gebäck im Angebot. Wer es nicht so süß mag, der kann auf die Charcuterie- oder Käseplatte ausweichen, natürlich öko, oder auf die Focaccias.
Dazu gibt es ein kleines Angebot mit einem Best-of der Region, Pickles, schön designte Heftchen, Leinenbeutel und von Hand zusammengestellte Öko-Backmischungen.

22 The Harbour Kitchen Adresse: 18 New Road, Port Isaac, Cornwall PL29 3SB
Tel: 0044 (0)1208 880845 Internet: www.theharbourportisaac.com
Öffnungszeiten: Dienstag bis Sonntag 9.30 – 17.00 Uhr

☞ Outlaw's Fish Kitchen

Nach seinem preisgekrönten Restaurant im St. Enodoc Hotel in Rock, das gleich mit zwei Michelin-Sternen punkten kann, hat Nathan Outlaw jetzt eine Dependance in Port Isaac eröffnet. Direkt am idyllischen Hafen liegt sie, ist leger und laid-back und öffnet sich einem Publikum abseits der Gourmet-Fraktion: mit unprätentiöseren Gerichten, kleinen Preisen, aber in Outlaws unverkennbarem Stil. Fisch ist seine Spezialität – Jakobsmuscheln mit Algenbutter stehen dort auf der Karte, in Roter Beete gebeizter Lachs mit Zitronen-Meerrettich-Joghurt oder „Outlaw Fishburger“ mit Kräutermayonnaise. Schön auch, einfach nur auf einen Drink mit Fischsnack vorbeizuschauen.

Adresse: 1 Middle Street, Port Isaac, Cornwall PL29 3RH
Tel: 0044 (0)1208 881183, Internet: www.outlaws.co.uk/fishkitchen

☞ Picknick Crab Sandwich

Kaufen Sie sich in einer der örtlichen Bäckereien Brötchen und gehen Sie zu Just Shellfish in der kleinen Fischhalle direkt am Hafen.
Seit 30 Jahren fährt die Familie Brown mit ihrem Trawler Free Spirit hinaus und fischt Krabben und Lobster. Die handgepulten Krabben werden in kleinen Schälchen in drei Größen verkauft, an der Theke stehen Soßen für den, der mag, der Lobster ist frisch gekocht und wird bei Bedarf für Sie geknackt. Darüberhinaus gibt es Muscheln, Garnelen und Krebsschwänze. Ein fangfrischer Genuss!

Just Shellfish, Adresse: 1 Fore Street, Port Isaac, Cornwall PL29 3RB
Tel: 0044 (0)1208 880449, verkauft wird vom frühen Morgen bis zum Ausverkauf.

CAMELVALLEY

CAMEL VALLEY

Die berühmteste Kundin des Camel Valley Weinguts ist Queen Elisabeth II. höchstpersönlich. Empfängt sie Staatsgäste, lässt sie den Champagner schon mal Champagner sein und serviert den preisgekrönten Camel Valley „Cornwall" Brut. Wie die Franzosen hat Bob Lindo seinen vielfach preisgekrönten Sekt nach der Region benannt. Und das von einem Schafzüchter! Denn bevor Bob Lindo und seine Frau Annie vor 20 Jahren mit dem Weinanbau begannen, von dem sie nicht die leiseste Ahnung hatten, haben sie dort Schafe gezüchtet. Doch das Land, das am Südhang des Camel River liegt, ist mit seinem trockenen Boden schlecht für Gras – und umso besser für Rebstöcke. 2007 wurde Lindo zum UK Winemaker Of The Year gekrönt – und hat sein Weingut nach und nach ausgebaut. Von der Wanderroute Camel Trail führt ein Weg direkt zum Gut, auf dem Parkplatz sind extra Schattenplätze für Hunde, da man sein Tier nicht mit auf das Gelände bringen darf. Alle Weine können zwanglos und, von den Mitarbeitern kenntnisreich präsentiert, probiert werden, von April bis September gibt es täglich um 14.30 Uhr eine Tour, Mittwoch um 17 Uhr eine Grand Tour mit Weinprobe. Auf der Terrasse kann man sich zu seinem Picknick die Weine des Hauses, die in den Top-Restaurants des Landes angeboten werden, servieren lassen – und die vielen Autogramme an den Wänden und an der Decke zeigen, wer sie hier schon alles genossen hat wie die Chefs Rick Stein, der ein Pate des Hauses ist, und Nathan Outlaw.

23 Camel Valley Adresse: Nanstallon, Bodmin, Cornwall PL30 5LG
Tel: 0044 (0)1208 77959 Internet: www.camelvalley.com
Öffnungszeiten: Montag – Samstag 10.00 – 17.00 Uhr (ganzjährig)

ne von Camel Valley

Camel Valley Brut (Silver Medal)
Frisch und fruchtig perlend, komplex, ca. 23 Euro

2008 Camel Valley White Pinot (Gold Medal)
Elegant, frisch, perlend und mit Zitronen- und Pfirsich-Note, ca. 34 Euro

2010 Camel Valley Bacchus Dry White
Delikat, fruchtig, trocken, mit einer sehr guten Kombination aus Charakter und nachhaltigem Geschmack nach Holunder, ca. 15 Euro

2001 Camel Valley Darnibole Bacchus White (Gold Medal)
Mineralig, leicht, mit Schiefernote, ca. 17 Euro

2010 Camel Valley Atlantic Dry (Silver Medal)
Kräftigere Note, crispy, rein und frisch, ca. 13 Euro – unserer Favorit

2010 Camel Valley Rosé (Silver Medal)
angedeutete Erdbeer-Note, ca. 13 Euro

2009 Camel Valley Red (Bronze Medal)
Frisch, würzig und eher um 13 Grad serviert zu trinken, ca. 12 Euro

CAMELVALLEY
ROSÉ
CAMELVALLEY
RED
CAMELVALLEY
BACCHUS DRY
ENGLISH QUALITY WINE
CAMELVALLEY
DARNIBOLE BACCHUS
CAMELVALLEY
ATLANTIC DRY
ENGLISH QUALITY WINE

Wine by the glass or bottle
0.750L 125ml 62ml
£10.95 £3.00 £1.50
12.5 Atlantic Dry £12.95 £3.50 £1.75
12.5 Bacchus Dry £14.95 £3.50 £1.75
12.5 Darnibole Bacchus £11.95 £3.00 £1.50
12 Rosé £10.95 £3.00 £1.50
12 Red £19.95 £4.00 £2.00
12.5 Brut Cornwall £24.95 £4.50 £2.50
12.5 Brut Cornwall Rosé £29.95 £6.00 £3.00
12 White Pinot Noir £14.95 £3.00 £1.50
Sparkling Red (DUE SUMMER 2011)

eam Teas

1900

DER WESTEN: VON FALMOUTH ÜBER PENZANCE BIS ST. IVES

Weiter Richtung Westen als auf dieser Landzunge geht es nicht in England, weswegen dessen äußerster Punkt nicht umsonst Land's End heißt. Wildromantisch ist es hier: mit Steilküsten, rauschendem Meer, Leuchttürmen und dem lieblichen Lizard Point, wiederum Englands südlichstem Punkt, der nur knapp 50 Kilometer entfernt liegt. Über 600 verschiedene Arten von Wildblumen wachsen dort, Cornwall-Heide und viele Kräuter und in der Helford Bay, ein paar Buchten weiter, ist einer der schönsten Gärten Cornwalls zu finden. Trebah Garden, dessen subtropische Pflanzen sich eine Schlucht entlang Richtung Wasser und bis zum eigenen Sandstrand ziehen.

An der Westspitze gibt es viel zu sehen. Das in die Klippen gehauene Minack Theatre sollten Sie sich auf keinen Fall entgehen lassen. Mit seinem Picknickkorb sitzt man vor tosender Meereskulisse und auf grasbewachsenen Stufen, schlemmt und schaut dabei Theater.

In Penzance hingegen kann man einen Blick auf kornisches Alltagsleben werfen. Trotz des viel besuchten majestätischen St. Michael's Mount, der sich vor der Küste aus dem Meer erhebt, hat die Stadt sich ihren authentischen Charakter bewahrt. Hier reihen sich keine weißgetünchten Cafés und Souvenirshop aneinander, nach Hochwertigem muss man auf die Suche gehen, findet es aber im neu eröffneten Restaurant The Untitled.

Mit dem Touristenstrom geht man schon eher im berühmten Künstlerstädtchen St. Ives, das an der gegenüberliegenden Küste liegt und berühmt für sein besonderes Licht und seine Dependance der Tate Modern London ist.

THE ABBEY HOTEL

Jean Shrimpton, legendäres Sixties-Model, das mit Starfotograf David Bailey den Chic des Swinging London prägte und einer ganzen Generation von Männern den Kopf verdrehte, hatte von dem Trubel bald genug. Ende der 70er zog sie sich nach Cornwall zurück, hatte erst einen Antiquitätenshop im nahen Marazion und kaufte schließlich dieses Hotel. Gehört hatte sie davon, als sie hochschwanger beim Arzt saß und eine der Angestellten von dem Angebot erzählte. Heute steht eine Postkarte mit einem Foto, das Richard Avedon von ihr schoss, an der Rezeption und ihr Sohn Thaddeus Cox führt das Haus.
Die 500 Jahre alte und denkmalgeschützte Abtei, einst Zufluchtsort der Mönche, die bei Flut nicht nach St. Michaels Mount übersetzen konnten, liegt ganz zentral und mit schönsten Blick über den Hafen. Morgens hört man die Möwen kreischen, wenn man in den sophisticated eingerichteten Zimmern aufwacht, in dem schon mal Dackel-Gobelinkissen auf eine griechische Büste mit punkigem Stacheldraht-Halsband trifft. Alles ist perfekt aufeinander abgestimmt und lauschig samt einer gemütlichen Bibliothek und einem romantischen Garten. Im Frühstücksraum knistert der Kamin, wird Tee und Kaffee in Silberkannen serviert, Toast in kleinen antiken Ständern, die Milch ist aufgeschäumt und auf dem klassischen Breakfast Menu stehen Rühreier mit Lachs, geräucherter Schellfisch mit pochierten Eiern – und gegrillter Bückling mit Petersilienbutter. Ein Klassiker, den Sie sich nicht entgehen lassen sollten.

24 The Abbey Hotel Adresse: Abbey Street, Penzance, Cornwall TR18 4AR
Tel: 0044 (0)1736 366906 Internet: www.theabbeyonline.co.uk
Preise: DZ ab 150 Euro inkl. Frühstück

BEN'S CORNISH KITCHEN
BEN'S CORNISH KITCHEN
www.benscornishkitchen.com
01736 719200
open

BEN'S CORNISH KITCHEN

BEN'S CORNISH KITCHEN

Ein kleines Häuschen im Ortskern von Marazion – mit großer Küche. Seit Ben Prior vor vier Jahren nach Cornwall kam, bringt er in seiner Küche zusammen, was sein eigenes Leben geprägt hat: Reisen um die Welt, die ihn vor allem nach Afrika und Asien führten, und seine neue Heimat Cornwall. Er kocht, was es vor Ort gibt, und hat dabei ein großes Ohr für die Gäste, die er mit Updates des Gewohnten auf Trab hält: hausgemachtem Käse mit in Safran eingelegtem Lauch und Karamell-Zwiebeln, Schweinepastete, die mit Sauerteigbrot und einem Hauch von Zimt serviert wird, Jakobsmuscheln mit Sellerie oder Lamm mit Fenchelpüree und dazu als Dessert seine schon legendäre „Sweet Curry Plate" mit Kokosnuss, Ingwer-Gelee, Kardamom-Eiscreme und Koriander. Nur an die Hummer, die er auch selbst züchtet, lässt er wenig ran, etwas Granatapfel-Ananas-Salat zum Beispiel, sonst aber soll man sich ganz auf deren saftigen Eigengeschmack konzentrieren.
Genießen kann man die eindrücklich großen Portionen in hellem und unprätentiösem Ambiente, auf Rattanstühlen und zwischen hellgrünen Wänden, die das Meer zitieren, das nur wenige Meter entfernt ist. Nach und nach ist sein Restaurant gewachsen. Seit Neuestem sitzt man auch im ersten Stock – mit Blick auf das imposante Castle St Michael's Mount.

25 Ben's Cornish Kitchen Adresse: West End, Marazion, Cornwall TR17 0EL
Tel: 0044 (0)1736 719200 Internet: www.benscornishkitchen.com
Öffnungszeiten: Dienstag bis Samstag 12.00 – 14.00 Uhr, 18.00 – 20.30 Uhr, im Sommer auch Montag 18.00 – 21.00 Uhr

Ein Gespräch mit Ben Prior

Besitzer und Chefkoch

Was hat Sie nach Marazion gebracht?

Als Kind habe ich hier immer meine Sommerferien verbracht, denn mein Großvater lebte hier. Ich liebe diese Gegend und fand, dass es der ideale Ort für mein erstes eigenes Restaurant ist. Auch, weil es ein Familienbetrieb ist. Mein Bruder ist Souschef, und mein bester Freund seit 31 Jahren ist der Restaurant-Manager.

Sie sind bekannt für Ihre ungewöhnlichen Kreationen. Ist das nicht gewagt für so ein Städtchen?

Ich sehe das Restaurant vor allem für die Leute hier vor Ort, und an ihren Geschmack habe ich mich nach und nach herangetastet. Ich startete mit wesentlich simpleren Gerichten und habe sie langsam komplexer werden lassen.

Und heute sind sie sehr besonders ...

Ja, so eine Küche findet man hier sonst nicht. Aber genau das hat mich gereizt. Ich bin sehr viel gereist und lasse das einfließen: Gewürze und die Art zu kochen, wie man es aus Indien, Afrika und Asien kennt.

Ihre Zutaten aber sind lokal.

Und saisonal. Hier findet man die besten Zutaten, alle sind frisch und ein Best-of. Man muss nur etwas anders mit ihnen umgehen, den Barsch zum Beispiel etwas schärfer würzen und schon macht man ihn zu etwas anderem und bietet ein neues Geschmackserlebnis. Nur an die Hummer lasse ich wenig ran.

Die züchten Sie auch selber, oder?

Einige, doch letzten Sommer habe ich fast 1200 serviert, dafür ist meine Zucht zu klein. Aber sie sind herrlich saftig hier, da darf man ihren Geschmack nicht überdecken, sondern muss ihn voll zur Geltung bringen.

☞ Newlyn Cheese & Charcuterie

Das kleine feine Deli an der Einfahrtstraße nach Newlyn hat Lindsay Agnew 2012 übernommen – und führt dessen Erfolgsrezept vor. Ausgesuchte Käse bietet die Catering-Köchin an, wie den preisgekrönten deftigen Cornish Blue zum Beispiel, den soften Helford White oder einen frisch beschwingten Ziegenkäse von der Menallack Farm in Trevera. Auf Wunsch packt man Ihnen auch ein Picknick zusammen, Zutaten gibt es in dem kleinen Laden genug: Vicky's Bread, leckere Cracker von The Fine Cheese Co., Chutneys, Prosciutti und Pickles.

Adresse: 1 New Road, Newlyn, Penzance, Cornwall TR18 5PZ
Tel: 0044 (0)1736 368714, Internet: www.newlyncheese.co.uk
Öffnungszeiten: Montag – Samstag 9.00 – 17.00 Uhr, Sonntag geschlossen

☞ Jelberts Icecream

Der Laden scheint aus einer anderen Zeit, seltsam leer, mit verblasstem grünen Wachstuch, wenigen Regalen und einer großen Kühltruhe ausgestattet. Darin steht der große Topf Jelberts Icecream, die seit mehr als 100 Jahren nach unverändertem – und geheimem Rezept – in der eigenen Küche hergestellt wird. Immer nur eine einzige Sorte: Vanille. Aber mehr braucht man auch nicht. Köstlich frisch und nicht zu süß ist das Eis, das von The Guardian und der Financial Times als beste Eiscreme der Welt beschrieben wurde. Die Jelberts, die zu den ältesten Eismachern des Landes gehören, stellen jeden Tag nur eine geringe Menge her und so ist es immer frisch. Ist es ausverkauft, wird geschlossen.

Adresse: New Road, Newlyn, Penzance, Cornwall TR18 5PZ
Öffnungszeiten: Ostern – Oktober und je nach Wetterlage

ST. MICHAELS MOUNT

Malerisch und imposant thront St. Michaels Mount auf einer kleinen Gezeiteninsel vor Marazion. Die Legende sagt, dass dort einst den Fischern der Erzengel Michael erschien. Daraufhin entstand auf der Insel im 6. Jahrhundert ein keltisches Kloster, später bauten die Benediktinermönche hier die kornische Dependance zum normannischen Mont Saint-Michel. Im 17. Jahrhundert erstanden die St. Aubyn es als Wohnsitz – und bis heute lebt dort John St. Aubyn mit seiner Familie. Kraftstrotzende Energie wird der Umgebung um St. Michaels Mount nachgesagt, weil er auf der Kraftlinie St. Michaels Ley liegt, die sich von der Spitze Cornwalls quer durchs Land nach Great Yarmouth zieht und auf der prähistorische Stätten wie der Steinkreis The Hurlers, das avalonsche Glastonbury Tor und der weltweit größte neolithische Kreis Avebury liegt. Bei Ebbe können Sie einen kleinen Granitweg entlang die wenigen hundert Meter zum Mount hinübergehen, bei Flut paddeln Boote hin und her. 1954 überschrieb St. Aubyn das Anwesen der Denkmalpflegeorganisation National Trust, Sie können die Kapelle mit den Alabastertafeln aus dem 15. Jahrhundert besichtigen, einen Gang durch das Haus, die Bibliothek und die Terrassen machen und durch den subtropischen Garten, der sich die Hänge hinunter bis zum Wasser erstreckt. Auch ist es schön, von dort aus einen Blick auf das Meer hinaus, auf Penzance und die Küste zu werfen.

26 St. Michael's Mount Adresse: West End, Marazion, Cornwall TR17 0EF
Tel: 0044 (0)1736 710507 Internet: www.stmichaelsmount.co.uk
Öffnungszeiten: Sonntag – Freitag 10.30 – 17.00 Uhr,
Samstag geschlossen

zept

☞ Delicious und Spaziergang

Ein paar Schritte von St. Michaels Mount die Hauptstraße in Marazion hinauf, vorbei an der Post und Bäckerei, liegt dieses kleine Deli & Café. Hell, mit viel Blau, Rosa und Rot, ist es niedlich und gemütlich und gut für einen kleinen Zwischenstopp. Man kann hier frühstücken, Sandwiches, Tartes, Tapas oder selbst gebackene Kuchen bestellen. Auf Wunsch werden auch Picknick-Körbe oder Proviantbeutelchen gepackt. Ideal, um sie mit an den Strand zu nehmen, der nur ein paar Schritte entfernt liegt oder auf die schönen Wanderwege, die, geht man am Strand Richtung Ortsausgang und dann den Hang hinauf, über Felder und Wiesen die Küste entlang führen.

Adresse: Suffolk House, Fore Street, Marazion, Cornwall TR17 0AH
Tel: 0044 (0)736 711879, Öffnungszeiten: Täglich 8.30 – 17.00 Uhr

☞ Mount Haven

Dieses Hotel, Restaurant und Spa liegt direkt am Ortsausgang von Marazion und hat einen wunderbaren Blick übers Meer bis hin zu St. Michael's Mount. Von der Straße sieht man es kaum, denn es ist den Hang hinunter auf mehreren Ebenen Richtung Meer gebaut. Und mit dem Blick darauf soll man sich entspannen. Ob bei Reiki oder einer Massage mit heißen Steinen, im anspruchsvollen Restaurant oder in den Zimmern mit bodentiefen Fenstern. Am schönsten aber ist es, im Mount Haven einen Sundowner zu nehmen, auf der Terrasse, die von üppigem Grün umgeben ist und von der man weit übers Meer und die Küste entlangblicken kann.

Adresse: Turnpike Road, Marazion, Penzance, TR17 0DQ,
Tel: 0044 (0)1736 710249, Internet: mounthaven.co.uk,
Preise: DZ ab 150 Euro inkl. Frühstück

ST. IVES

Perfekt in die St. Ives Bay geschmiegt mit wunderschönen Stränden direkt im Ort, einer bekannten Kunstszene und einer Museums-Dependance der Londoner Tate Modern, ist St. Ives das Vorzeige-Städtchen Cornwalls – und entsprechend beliebt. Gerade direkt um den Hafen herum und auf der Haupteinkaufsstraße Fore Street sucht man vergeblich nach authentischem Charme. Die meisten Läden sind auf Touristen abgestimmt, die Cafés eher laut als schön.
Aber schwärmt man in die Seitengassen, den Hang oder den kleinen Hügel zum Leuchtturm hinauf, kann man schon verstehen, warum es seit Ende des 19. Jahrhunderts Künstler und Reisende hierher zieht. Gleich von mehreren Seiten vom Wasser reflektiert, fällt strahlendes Licht auf das Städtchen, dazu die weiten Sandstrände und darum herum saftiges Grün.
Entspannender als mit dem Auto anzureisen – und einen Parkplatz zu finden – ist es, in die Eisenbahn zu steigen, die ab St. Erth regelmäßig und mit schönen Ausblicken nach St. Ives zockelt. Vom Bahnhof führt ein kurzer Weg an der Küste entlang direkt zum Hafen.
Mitte des 20. Jahrhundert war St. Ives die britische Künstlerkolonie schlechthin. Der Maler Ben Nicholson, die Bildhauerin Barbara Hepworth, der russische Konstruktivist Naum Gabo und der Keramiker Bernard Leach lebten hier und auch heute noch sind hier viele Ateliers und Galerien zu finden. Lassen Sie sich treiben. Vielleicht auch zu Beaten Green in der St. Andrews Street, einem kleinen Laden mit Vintage Interior Design, alten Bordüren, Kleidern und Geschirr.

27 St. Ives

Rezept

TREVOSE HARBOR HOUSE

Viele Jahre haben Angela und Olivier Noverraz, eine Holland-Italienerin und ein Brite mit Schweizer Wurzeln, in Lausanne, Rom und schließlich in London gelebt – und man sieht ihrem Trevose Harbor House in jedem Detail ihre Weltläufigkeit an. Wie ein Nest und auf mehreren Etagen schmiegt es sich an die hügelige Bucht von St. Ives, in perfekter Lage direkt an dem Fußweg, der vom Strand in die Stadt führt, und dazu weht durch die Räume das Licht des berühmten Küstenstädtchens. Blau und Weiß dominieren, dazu Design-Klassiker der Fünfzigerjahre – von Eames-Stühlen bis zu skandinavischen Einzelstücken und allem, was dazwischenliegt. Fünf Zimmer und eine Suite gibt es und dazu eine wunderbare, abgeschirmte Sonnenterrasse. Eher zufällig fanden die beiden das ehemalige Bed and Breakfast, als sie beschlossen, mit ihrem ersten Kind raus aus der britischen Metropole zu ziehen – und haben es, mit einem zweiten Kind auf dem Weg, aufwendig renoviert. Die Möbel, hochglanzpoliert und im schönsten Holz-Style, stammen von Auktionen, Flohmärkten und Händlern, die weiten Blicke über die Hausdächer und auf die Bucht von St. Ives sind spektakulär. Morgens kann man auf der Terrasse frühstücken, mit frischen Früchten und einem hausgemachten Bircher-Müsli, abends an der kleinen Comfort-Bar einen Drink am Kamin nehmen. Da Angela engen Kontakt zu der Kunstszene in St. Ives pflegt, gibt es regelmäßig Vernissage-Einladungen und spezielle Führungen.

28 Trevose Harbor House Adresse: 22 The Warren, St. Ives, Cornwall TR26 2EA
Tel: 0044 (0)1736 793267 Internet: www.trevosehouse.co.uk
Preise: DZ ab 135 Euro inkl. Frühstück

Trevo
Harbou
House
1

TREVOSE
HARBOUR HOUSE
WWW.TREVOSEHOUSE.CO.UK

☞ Porthminster Beach Cafe

Ein kleines Stückchen hinter dem Bahnhof und Golfplatz und am Sandstrand Porthminster liegt dieses weiß-blaue Café und Restaurant. Hell und luftig und mit tollen Blicken über die Bucht ist es bekannt für seine Fischgerichte. Dazu gehören Anchovis mit Salbei, gedünstete Muscheln, Makrelenfilets mit Rhabarber und Fenchel, Langusten, aber auch Fish & Chips. Gemüse und Kräuter werden im eigenen Garten angebaut, Sie können auch auf einen Kaffee vorbeikommen, auf der Strandterrasse stehen für kältere Abende Heizstrahler.

Adresse: Porthminster Beach, St. Ives, Cornwall TR26 2EB
Tel: 0044 (0)1736 795352, Internet: www.porthminstercafe.co.uk
Öffnungszeiten: Frühling und Sommer (10.2. – 6.11.) täglich 9.00 – 22.00 Uhr, Winter (ab 7.11.) Dienstag – Sonntag 11.00 – 21.00 Uhr, Montag geschlossen

Porthminster
ACH CAFÉ

☞ Barbara Hepworth Museum & Sculpture Garden

Ein kleines Stückchen abseits der Fore St. gelegen ist dieses Museum ein toller Rückzugsort. Er ist das Haus der Bildhauerin Barbara Hepworth, die 1939 mit dem Maler Ben Nicholson und ihren Drillingen nach St. Ives zog. Nicholson ging später fort, Hepworth blieb, bis sie 1975 bei einem Brand in ihrem Atelier ums Leben kam. Ein Erlebnis ist der kleine Skulpturengarten, in dem zwischen Palmen und wucherndem Grün ihre Arbeiten stehen. In organischen Formen zeigen sie die Auseinandersetzung mit den Arbeiten ihres Wegbegleiters Henry Moore und auch mit den Megalithen Cornwalls.

Adresse: Barnoon Hill, St. Ives, Cornwall TR26 1AD, Tel: 0044 (0)1736 796226
Öffnungszeiten: März – Oktober: Täglich 10.00 – 17.20 Uhr,
November – Februar: Dienstag – Sonntag 10.00 – 16.20 Uhr

☞ Tate St. Ives

1993 adelte die Tate Modern London, eines der aufregendsten Museen der Welt, die Kunststadt St. Ives mit einer Dependance. Nach einem kurzen Streit, ob auf dem Gelände des alten Gaswerks nicht doch lieber ein Schwimmbad gebaut werden soll, entstand dort das moderne Haus, in dem wechselnde Ausstellungen – und immer auch lokale Künstler gezeigt werden. Es ist toll, die Arbeiten in der Umgebung zu sehen, in der sie entstanden sind. Auch ein Besuch des gut sortierten Museumsshops lohnt und des Cafés. Von dort aus hat man tolle Aussichten auf den Surferstrand, an dem die Tate liegt, und auf die Bucht.

Adresse: Porthmeor Beach, St. Ives, Cornwall TR26 1TG
Tel: 0044 (0)1736 796226, Internet: www.tate.org.uk
Öffnungszeiten: 12. – 31. Oktober: Dienstag – Sonntag 10.00 – 17.20 Uhr, 1. November – 26. Januar: Dienstag – Sonntag 10.00 – 16.20 Uhr

☞ Scarlet Wines

Ein besonders schöner Spaziergang führt eineinhalb Stunden lang an der Küste entlang – und bis zu Scarlet Wines, einem Café, Restaurant und Deli, in dem Frühstück, Lunch und Dinner serviert werden sowie Snacks und Tapas. Auf der Suche nach gutem Salz, Vollkornbroten, Origin-Kaffee, Orchard Ginger Beer und einer großen Auswahl ausgesuchter Weine zu sehr fairen Preisen ist man in der ehemaligen Schmiede bestens aufgehoben. Ein toller neuer Ort, der nicht nur nach einem Spaziergang der richtige ist. Hat man sich dennoch zu Fuß aufgemacht, kann man ganz bequem den historischen Zug zurück nach St. Ives nehmen.

Adresse: The Old Forge, Lelant, Hayle, Cornwall TR27 6JG
Tel: 0044 (0)1736 753696, Internet: www.scarlet-wines.co.uk
Öffnungszeiten: Montag und Dienstag 9.00 – 18.00 Uhr,
Donnerstag – Samstag 9.00 – spätabends

Gurnard's Head Hotel,
Zennor.
THE DOMINICK AFFAIR
ATHABASCA

GURNARD'S HEAD

Man ist beglückt, wenn man die Stube des Dining Pubs betritt. Überall stehen Bücher und Fotografien, die Gäste lesen Zeitung, blättern in Bildbänden und ein alter Herr aus der Umgebung nimmt im Tweed-Anzug und mit abgespreiztem Finger seinen Tee. Der Kamin prasselt und Kerzen flackern vor den lindgrün und gelb gestrichenen Wänden und auf alten, mit Patina abgeblätterten Tischen. Die lokalen Ales Porthleven, Truro und Scrutch werden angeboten und vor allem das Ale aus Truro mit seinem bittersüßen Geschmack und der leichten Zitrusnote ist ein guter Einstieg. Aber auch die internationale Karte von Weinchefin Claire Thomson ist interessant und über 20 Weine kann man per Glas bestellen. Der Kellner empfiehlt das Beef Skirt mit Kartoffeln, Brokkoli und Butter, das bis zum Ende mit Seelenruhe und ganz langsam geköchelt wird, ein wunderbares Aroma hat und auf der Zunge zergeht. Die gegrillten Feigen mit Ziegenkäse, Salat und Mandeln sind eine gute Alternative für einen leichteren Lunch, und auch die marinierte Makrele mit Gurken und Dill. Ist das Wetter gut, kann man im Garten hinter dem Haus den Blick über Felder und hin zum Meer genießen. Wer länger bleiben möchte, kann eins der lauschigen Zimmer (DZ ab 160 Euro) mieten. Gurnard's Head ist nicht leicht zu finden: Fahren Sie auf der B3306 Richtung Porthmear/Morvah, lassen Sie Zennor rechts liegen und nach mehreren Kilometern sehen Sie das pfirsichfarbene Gebäude mit dem Namen auf dem Dach.

29 Gurnard's Head Adresse: Nr. Zennor, St. Ives, Cornwall TR26 3DE
Tel: 0044 (0)1736 796928 Internet: www.gurnardshead.co.uk
Öffnungszeiten: Täglich 12.30 – 14.30 Uhr und 18.30 – 21.00 Uhr,
im Sommer ab 18.00 Uhr

Cream Teas

☞ Cornish Cream Tea: Rosmergy's

Ein Stückchen weiter von Gurnard's Head die Straße Richtung St. Just führen Wegweiser in das kleine private Gartencafé Rosemergy. Seit acht Jahren backt Jane Holmes in ihrer Küche den ganzen Tag über Kuchen und vor allem köstliche Scones, die man direkt dort an kleinen Tischen oder im Hortensiengarten mit Blick über Dächer, Moorlandschaft, Wiesen und bis zum Meer essen kann. „Keine Zurückhaltung. Streicht von beidem ordentlich hoch was auf die Scones," empfiehlt sie, und ganz wichtig: immer erst die Marmelade und dann erst die Clotted Cream – „und esst auf jeden Fall alles auf."

Adresse: Morvah, Pendeen, Cornwall TR20 8YX, Tel: 0044 (0)1736 796557
Internet: www.rosemergy.com, Öffnungszeiten: Täglich 12.00 – 18.00 Uhr

Helford Village Stores
Western Morning News
Helford Village Stores
We are open
every day
from 8am

HELFORD VILLAGE

Dieses Örtchen ist selbst für kornische Verhältnisse ein Idyll, ist herausgeputzt, aber dennoch authentisch. Klein und verwunschen schlängelt es sich am Helford River entlang, hat gerade mal 50 Einwohner, eine Post, einen Pub, einen Einkaufsladen – und eine lange Historie. Es war einst ein wichtiger Anlaufpunkt für französische Schiffe, die Rum und Tabak geladen hatten und in den napoleonischen Kriegen lieferten sich Freibeuter, Piraten und Marine hier so manche Gefechte. Diese Abenteuer hat Daphne du Maurier in ihrem Roman „Frenchman's Creek" farbenfroh beschrieben. Auch sie war ganz hin und weg von dem Örtchen, in das sie ihre Hochzeitsreise führte.

Wenn man zur Ruhe kommen möchte, ist Helford Village ein perfekter Ort. Cottages, allesamt mit Garten, kann man dort mieten, Wanderungen den Fluss entlang machen, in kleinen Buchten baden oder ihn vorbei an alten Eichenwäldern hinunterschippern. Dass ihr Village ein Touristenörtchen sei, dagegen wehren die Anwohner sich vehement. Sind alle 18 Cottages vermietet, wohnen mehr Gäste als Einheimische in Helford, doch das dortige Leben nimmt seinen gewohnt gemächlichen Gang.

Die Häuser sind hübsch, aus Naturstein oder weiß getüncht, aber nichts ist übertrieben herausgeputzt.

Wer dennoch auch mal aus dem Örtchen raus möchte, kann mit der Fähre ans andere Ufer setzen, sich die Gärten Trebah oder Glendurgan anschauen, zum Angeln fahren, golfen oder reiten.

30 Helford Village

☞ Helford Village Store & Vickys Bread

Vickys Bread begleitet einen durch Cornwall, man findet es immer wieder in gut sortierten Läden – und es kommt aus Helford. In diesem kleinen, gut sortieren Village Store liegt das Bio-Vollkornbrot jeden Morgen frisch im Regal und auch Baguette, Sauerteigbrot, Dinkel- und Mehrkornsorten. Dazu gibt es Käse, Wurst und von Waschpulver zu Zeitungen einfach alles, was man für einen Aufenthalt braucht. Den Plausch gibt es gratis dazu, denn hier treffen sich die Einwohner und Gäste – auch, um sich mit dem kornischen Bio-Eis Roskilly's zu versorgen und dazu den Blick auf das Flüsschen zu genießen.

Adresse: Helford, Cornwall TR12 6JX, Tel: 0044 (0)1326 231275
Internet: www.helfordstores.co.uk, Öffnungszeiten: Täglich 8.00 – 17.00 Uhr (und länger im Juli und August), ab Oktober nach Bedarf

☞ Helford Village Cottages

Hairy und Vicky Harford vermieten 18 Cottages, die am Südufer des Flusses und alle in Fußnähe zum Village Store und Restaurant liegen. Die Cottages sind hell, freundlich, viele mit Garten, andere mit Innenhof, manche direkt im Örtchen, andere den Hang hinauf gelegen oder direkt – und mit Bootshaus – am Ufer. In welchen ein Kamin ist, wird Holz bereit gestellt, in vielen Bettwäsche und Handtücher. Sie sind für drei bis zehn Gäste ausgerichtet und in einigen sind Hunde erlaubt.

Adresse: Sweet William Cottage, St. Martin, Helston, Cornwall TR12 6DE
Tel: 0044 (0)1326 231666, Internet: www.helfordcottages.co.uk
Preise: ab 235 Euro pro Woche (in der Wintersaison), Hunde 17 Euro

☞ Shipwright Arms Inn

Der alteingesessene Dining Pub hat eine einfache und genauso klassische Pubküche – und eine tolle Lage. Während es drinnen etwas duster ist, sitzt man draußen auf zwei verwinkelten Etagen zum Wasser hin. Es werden Sandwiches, Baguettes und Ploughman's Lunch serviert, die etwas frugale britische kalte Platte mit Cheddar, Pickle, Brot und Butter. Was sich aber lohnt, ist, wenn abends auf der Terrasse der Grill angeworfen wird und frische Fische gegrillt werden.

Adresse: Helford Village, Helston, Cornwall TR12 6JX
Tel: 0044 (0)1326 231235
Öffnungszeiten: Montag – Samstag 11.00 – 14.30 Uhr und 18.00 – 23.00 Uhr,
Sonntag 12.00 – 14.30 und 19.00 – 22.30 Uhr,
im Winter Sonntag und Montagabend geschlossen

Hotel Tresanton

HOTEL TRESANTON

Monocle Chefredakteur und Weltreisender Tyler Brûlé hat das Tresanton in St. Mawes zu einem seiner kornischen Lieblingshotels erkoren. 1998 von Olga Polizzi aus der berühmten Rocco Forte Hoteldynastie eröffnet, steht es weiß, stolz und von der Umgebung abgeschirmt an der Hafenbucht des kleinen Fischerörtchens. Terrassenförmig angelegt, geht es auf mehreren Ebenen den Berg hinauf, der Weg führt über Treppen und kunstvolle bunte Bodenmosaike. Das Tresanton ist hell und luftig gestaltet, mit maritimen kornischen Gemälden, Fossilien der nahe gelegenen Jurassic Coast, bunten Kissen, flackernden Kaminen und mit genau der eleganten Gemütlichkeit, für die Olga Polizzi berühmt ist. Begonnen hat die Karriere des Hauses in den 40er Jahren als Yachtclub, in dem der Segelbegeisterte Jack Silley vier Zimmer für seine Freunde einrichtete. Heute hat es 29 Zimmer, manche mit eigener Terrasse und alle mit Meerblick. Im Tresanton kann man sich wunderbar zurückziehen, über die Bucht schauen und hat man Lust, einen der schönen Walks in der Umgebung zu machen oder am Strand spazieren zu gehen, stehen Hunter Boots wohl sortiert in jeder Größe bereit. Wollen Sie nur zum Essen oder auf einen Drink vorbeikommen, ist das kein Problem. Das helle, holzgetäfelte Restaurant von Küchenchef Paul Wadham steht jedem offen. Es hat zwei Terrassen, ist auf Fisch und Krustentiere spezialisiert und die Gemüse kommen aus biologischem Anbau.

31 Hotel Tresanton Adresse: St. Mawes, Truro, Cornwall TR2 5DR
Tel: 0044 (0)1326 270055 Internet: www.tresanton.com
Preise: DZ ab 220 Euro inkl. Frühstück

Size 3
Size 4
Size 4
HUNTER
HUNTER
HUNTER
HUNTER
HUNTER
Size 6
Size 6
Size 6

☞ Aufs Meer hinaus in St. Mawes

Heuern Sie bei dem erfahrenen ehemaligen Fischer James Brown an und schippern Sie mit ihm auf seiner Dolores zum Makrelen- oder Barschfang, holen Sie Hummer oder Krabben aus dem Meer oder lassen Sie sich zu den Seehundbänken bringen. Die Trips dauern um die zwei Stunden (Tel: 0044 (0)132 279204; www.fishandtripstmawes.co.uk), aber können auf Wunsch ausgeweitet werden. Wollen Sie mit formvollendetem Stil aufs Meer hinaus, können Sie als Hotelgast des Tresanton die italienische Yacht Pinuccia von 1938 samt Skipper mieten. Darüber hinaus hat das Hotel ein Motor- und ein Speedboot, die Sie zu abgelegenen Stränden, zu Picknickausflügen und besonders schönen Küstenabschnitten fahren.

Fish & Trips of St Mawes
Set sail with friendly, local skipper James Brown, a former commercial fisherman with more than 20 years experience, onboard his traditional Cornish fishing boat, Dolores.
Catch your own fish for supper. Two hour mackerel fishing trips. Great fun for all the family. All tackle supplied. Trips can include pulling up lobster and crab pots.
Or take in the sights of the historic St Mawes harbour and coastline by boat. Sail around the St Anthony Lighthouse, look out for seals on Black Rock and view Pendennis and the St Mawes Castles from the water.
TWO HOUR MACKEREL TRIPS £15 PP DAILY
Fish & Trips of St Mawes
Fishing trips and chartered outings from St Mawes

GB
JD10 MOG

SMART TRAVELLING

GUT ZU WISSEN

Cornwall ist groß, darum ist dieser Infoteil so klein. Hier erfahren Sie nicht alles und jedes, sondern genau das, was Sie für eine perfekte Woche brauchen. Wenige, aber genau die richtigen Informationen: Wissenswertes über die Lebensart in Cornwall, eine kleine subjektive Auswahl an Sehenswürdigkeiten, Spaziergängen und Tipps für Unternehmungen. Dazu eine Karte mit all unseren Lieblingsadressen, damit Sie nicht lange suchen müssen, sondern gleich anfangen können, Cornwall zu genießen.

KATHEDRALEN, BURGEN UND PRÄHISTORISCHE STÄTTEN

Südengland ist reich an Kultur und die geht Jahrtausende zurück. Immer wieder stehen am Straßenrand Schilder, die zu prähistorischen Stätten und keltischen Kultorten führen. Aber auch eindrucksvolle Kathedralen und Burgen sind zu besichtigen – und ein ganz besonderes Theater.

Wells Cathedral

An dieser frühgotischen Kathedrale kann man sich nicht satt sehen. Mit ihrem Bau wurde unter Bischof

Reginald de Bohun 1186 begonnen, 1239 wurde sie schließlich eingeweiht. Ihre Westfassade zieren über 300 Statuen, die einst farbig und vergoldet waren. Innen ist die früheste gotische Kirche vollständig mit Spitzbögen ausgestattet. Im Gegensatz zu deutscher Gotik wird der Blick nicht in die Höhe, sondern vielmehr in die Horizontale gelenkt – vorbei und durch die eleganten sandfarbenen Scherenbögen, die das Kirchenschiff in ein kunstvolles Geflecht aus kreisrunden Durchblicken und gegenläufigen Bögen verwandeln, die wie an ihren Spitzen aufeinandergestellt wirken. In The Cathedral Church of St. Andrew wie die Kathedrale mit vollständigem Namen heißt, steht zudem eine astronomische Uhr aus dem 14. Jahrhundert, ein technisches Wunderwerk, das 24 Stunden, Minuten und den Mondmonat anzeigt. Man kann die Kathedrale zu Messen besuchen, geführte Touren machen oder sie alleine besichtigen. Es liegen Broschüren mit historischen und architektonischen Informationen aus.

Wells, Somerset BA5 2UE
Tel: 0044 (0)1749 674483
www.wellscathedral.org.uk
April – September: Täglich 7.00 – 19.00 Uhr, Oktober – März: Täglich 7.00 – 18.00 Uhr, April – Oktober: Silencium zwischen 12.00 – 13.00 Uhr

Vicar's Close

Sie sollten es sich nicht entgehen lassen, sich diese Siedlung gleich neben der Kathedrale anzuschauen. Die 42 Reihenhäuser sind 1363 von Bischof Ralph von Shrewsbury für die Mitglieder des Chors gebaut worden. Einmal, um sie vor den Versuchungen der Stadt zu schützen, sondern auch vor dessen Bewohnern. Diese waren nicht immer gut auf die Kirchenherren zu sprechen, da sie ihnen hohe Steuern abverlangten.
Vicar's Close ist die älteste Reihenhaussiedlung der Welt und bis heute wohnen in den Häuschen, die einen Raum oben und einen unten haben und jeweils einen kleinen Garten, Mitglieder des Chors und Mitarbeiter der Kirche und ihre Familien.

Stonehenge

Man sieht den 4000 Jahre alten Steinkreis schon von der Autobahn A 303, die an ihm vorbeiführt. Und trotz der wenig mythischen Umstände ist er sehr beeindruckend, auch wenn kein

Stein mehr so steht, wie er einst aufgebaut wurde. Zu viele Archäologen, Historiker und Konservatoren sind mit Baggern angerückt, haben umgefallene Megalithen wieder aufgestellt, zur Seite gerückt, einbetoniert. Doch die geheimnisvolle Ausstrahlung des Kreises konnten sie nicht zerstören. Auch die Busladungen der Touristen nicht, die heute hier täglich anrücken. Längst kann man nicht mehr bis an die Steine heran, sie nur von einem Weg aus sehen, doch ihr Geheimnis ist allgegenwärtig.

Bis heute ist unklar, welche Funktion der Steinkreis hatte. War er eine Art Kalender? Eine kultische Stätte? Station auf einer Prozessionsstrecke für Begräbnisse, die hier entlang führte? Man weiß es einfach nicht. Nur, dass es noch Woodhenges, eben genau solche Kreise aus Holz gab. Einige liegen Richtung Küste, ein anderer wurde im Meer gefunden. Doch auch ihr Rätsel ist ungelöst.

Besuchen Sie Stonehenge am besten am Abend, wenn die meisten der Touristenbusse weg sind. Zur Sonnenwende am 21. Juni hat jeder die Nacht über und bis zum Sonnenaufgang freien Zugang.

A344 Road, Amesbury,
Wiltshire SP4 7DE
Tel: 0044 (0)1722 343834
www.stonehenge.co.uk
16. März – 31. Mai: Täglich 9.30 – 18.00 Uhr, 1. Juni – 31. August: Täglich 9.00 – 19.00 Uhr, 1. September – 15. Oktober: Täglich 9.30 – 18.00 Uhr, 16. Oktober – 15. März: Täglich 9.30 – 16.00 Uhr

Glastonbury Abbey und
Glastonbury Tor

Um die Geschichte des heutigen Glastonbury in Somerset ranken sich zahlreiche Legenden. Josef von Arimathäa soll hier das britische Christentum begründet haben, als er mit dem Heiligen Gral, dem Kelch, aus dem Jesus mit seinen Jüngern beim letzten Abendmahl getrunken hat und in dem bei der Kreuzigung sein Blut aufgefangen wurde, angereist ist. Er soll seinen Wanderstab in die Erde gesteckt haben, der sich prompt in einen blühenden Weißdornbusch

verwandelte, und an dessen Stelle soll die erste Kirche des Inselreichs gebaut worden sein.
Aber auch König Artus ist hier allgegenwärtig. Er soll auf Tintagel Castle gezeugt worden sein, die Mönche der Glastonbury Abbey haben 1190 in vielen Metern Tiefe zwei Eichensärge gefunden, auf denen die Namen von König Artus und Königin Guinevere eingraviert gewesen sein sollen. Die angebliche Grabstelle ist in einer der Ruinen zu besichtigen. Als zusätzlicher Beweis wird die Artussage herangezogen, in der es heißt, dass Artus auf einer Insel in Avalon begraben wurde. Und tatsächlich ragte der Glastonbury Tor, was im keltischen „konischer Hügel" heißt, in der ehemals überfluteten Ebene wie eine Insel heraus. Im Winter, wenn das Marschland drum herum manchmal überflutet ist, kann man sich eine Vorstellung davon machen.
Für andere ist der smaragdgrüne, in Terrassen angelegte Hügel der Sitz von Gwyn ap Nuud, dem Herrscher des Feenreichs Tylwyth Teg.
Was immer Dichtung oder Wahrheit ist, Glastonbury Tor und Abbey sind beeindruckende Orte – und ziehen Heerscharen von Gralssuchern, Esoterikern und in die Jahre gekommener Hippies an.

Glastonbury Tor
nahe Glastonbury, Somerset BA6 8BH
Tel: 0044 (0)1934 844518
http://www.nationaltrust.org.uk/glastonbury-tor/
immer geöffnet

Glastonbury Tor liegt gleich außerhalb von Glastonbury. Parken Sie das Auto in der Stadt und laufen Sie circa 45 Minuten zum Tor. Vom Hauptpark fährt aber auch ein Shuttlebus zum Fuße des Tors.

Glastonbury Abbey
Magdalene Street, Glastonbury, Somerset BA6 9EL
Tel: 0044 (0)1458 832267
www.glastonburyabbey.com
November – Februar: Täglich 9.00 – 16.00 Uhr, März – Mai: Täglich 9.00 – 18.00 Uhr, Juni – August: Täglich 9.00 – 20.00 Uhr

Tintagel Castle
An der tosenden kornischen Küste liegt die Burgruine von Tintagel Castle, auf dem laut der Artussage der mythische König Artus von seinen Eltern Uther und Igraine gezeugt wurde. Ein Großteil der Ruinen die man heute sieht, stammen aus dem 13. Jahrhundert, aber archäologische Grabungen haben gezeigt, dass der

Ort bereits zu Römerzeiten bewohnt war und auch als Residenz keltischer Könige diente.

Um auf die felsige Halbinsel zu kommen, auf der die Ruine steht, muss man über eine Holzbrücke, steile Treppen und grüne Hügel gehen – und es lohnt sich.

Castle Road, Tintagel,
Cornwall PL34 0HE
Tel: 0044 (0)1840 770328
www.english-heritage.org.uk
Die Öffnungszeiten variieren und können der Website entnommen werden.

M ên-an-Tol – und die Halbinsel Penwith

Diese Anlage aus der Bronzezeit ist klein, aber umso faszinierender. Das liegt an dem M ên-an-Tol, was auf kornisch „Lochstein" bedeutet. Umgeben von zwei Granitblöcken und wie ein großes aufrecht stehendes Rad steht er in der sanften Landschaft und berührt einen sofort.

Einst diente die Megalithformation, deren Blöcke exakt in der Linie von Südwest nach Nordost stehen, als Anlage für Initiationsriten und Opferhandlungen, wohl aber auch zur Abwehr von Verwünschungen und man sprach ihr heilende Wirkung zu. Das Kriechen durch das Loch sollte Rückenschmerzen lindern, Kinder vor Krankheiten schützen und Frauen zu Fruchtbarkeit verhelfen.

Unter der Erdoberfläche lagern weitere Megalithen, die darauf schließen lassen, dass dort einst ein vollständiger Steinkreis stand.

Fahren Sie Richtung Madron und biegen Sie zwei Kilometer hinter Morvah links in Richtung Nordosten ab. Von der Straße führt ein 15-minütiger Gehweg zu M ên-an-Tol.

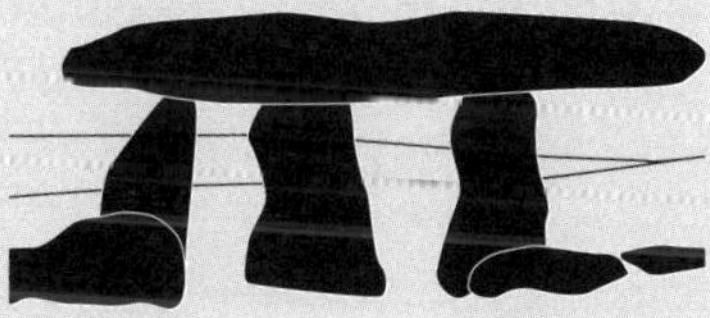

Lanyon Quoit

Auf der Halbinsel Penwith, die sich bis zur südwestlichsten Spitze Cornwalls zieht, stehen gleich mehrere prähistorische Monumente in relativer Nähe. Der etwa 5500 Jahre alte Dolmen Lanyon Quoit, der auch The Giant's Table genannt wird und eben einem Tisch ähnelt, ist der bekannteste Quoit (Portalgrab) Cornwalls.

Fahren Sie hinter Madron in nördlicher Richtung. Der Quoit liegt 50 Meter rechts neben der Straße.

Merry Maidens

Auch dieser Steinkreis liegt auf der Halbinsel Penwith. Er ist 3000 bis 4000 Jahre alt und stammt aus der Bronzezeit. Die Merry Maidens, die lustigen Mädchen, sind 19 Steine, knapp einen Meter hoch.

Auf der gegenüberliegenden Straßenseite ragen The Pipers, zwei schmale Menhire (lange Steine) hinaus, die in Beziehung zum westlichen Rand der Merry Maidens stehen. Die volkstümliche Bezeichnung bekamen sie nach der christlichen Auslegung, dass es Tänzerinnen und Musiker seien, die, weil sie an einem Feiertag tanzten, zu Stein erstarrten.

Fahren Sie von Newlyn Richtung Lamorna und durch den Ort durch. Der Steinkreis liegt mehrere hundert Meter weiter auf der linken Seite.

Chysauster Ancient Village

Fünf Kilometer nördlich von Penzance liegt diese Siedlung aus der Eisenzeit, die von 100 v. Chr. bis 300 n. Chr. bewohnt wurde und bis heute erstaunlich gut erhalten ist.

Acht runde Steinhäuser sind in zwei Reihen aufgebaut und es gibt ein zusätzliches Gebäude, das etwas abseits liegt.

Die Hauseingänge sind alle Richtung Osten ausgerichtet, jedes Haus hat einen kleinen Innenhof und außen herum kleine Kammern.

Umliegende Felder sind mit Steinmauern umzäunt und es ist erwiesen, dass die keltischen Dumnonii, die diese Siedlung erbauten, Ackerbau betrieben und Tiere hielten.

Die Anlage wird von der British Heritage verwaltet und hat eingeschränkte Öffnungszeiten.

Newmill, Penzance,
Cornwall TR20 8XA
www.english–heritage.org.uk
21. März – 30. Juni: Täglich 10.00 – 17.00 Uhr, Juli und August: Täglich 10.00 – 18.00 Uhr, September: Täglich 10.00 – 17.00 Uhr, Oktober: Täglich 10.00 – 16.00 Uhr, November – März geschlossen

Das Village liegt fünf Kilometer nördlich von Penzance abseits der B3311. Ein gut sichtbares Schild ist aufgestellt.

Minack Theatre

Das Erlebnis, sich ein Theaterstück, Musical oder eine Oper in diesem Freilufttheater am Meer anzuschauen, sollten Sie sich nicht entgehen

lassen. Direkt am Küstenhang sitzt man auf Rasentreppen, genießt sein mitgebrachtes Picknick und schaut auf das tosende Meer.
Dieser Ort ist der Schauspielerin Rowena Cade zu verdanken, die einen Hauch Londoner Kultur nach Cornwall bringen wollte und ihren Garten mit Abhang zur See 1932 einer örtlichen Theatergruppe zur Verfügung stellte. Vor beeindruckender Kulisse führte diese Shakespeares „Der Sturm“ auf. Es war ein solcher Erfolg, dass Cade und ihr Gärtner Billy Rawlings im darauffolgenden Winter Steine vom Strand und vom Abhang heranschleppten und mühsam Bühne und Sitzplätze anlegten. Während im Sommer gespielt wurde, bauten sie die Winter über das Theater nach und nach aus – und als Cade 1983 starb, hatte sie noch zahlreiche neue Pläne. Das Theater war Cades Lebenswerk, sie verbrachte jede freie Minute dort und ritzte in die Steine sogar keltische Muster und die Daten der Premieren.
Gespielt wird dort heute von Mai bis September und das Publikum beweist dabei immer wieder Wetterfestigkeit – und Enthusiasmus. Wenn es nicht gerade Katzen und Hunde regnet finden die Vorführungen statt und erfahrene Besucher sind, neben Hühnerschenkeln und Champagner, bestens mit dicken Pullovern und Regenjacken ausgerüstet. Auch das Theater bietet Regencapes an.
An aufführungsfreien Tagen kann man das Theater samt einer Ausstellung über das Leben und Werk von Rowena Cade, den Gärten und einem Café, in dem man mit Blick auf das Meer sitzt, besichtigen.

Porthcurno Penzance
Cornwall TR19 6JU
Tel: 0044 (0)1736 810181
www.minack.com
Besichtigung: Täglich 10.00 – 16.00 Uhr, letzter Einlass: 15.30 Uhr

Tipp: Porthcurno liegt in einer der schönsten Buchten Cornwalls. Sie können Sie aus dem Theater sehen. Links neben dem Theater kann man über steile Stufen zu ihr hinuntersteigen.

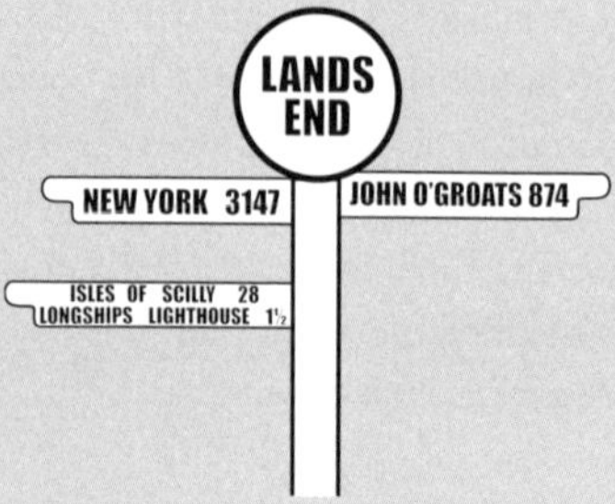

Land's End

Wie der Name schon sagt, ist England hier zu Ende. 5000 Kilometer entfernt liegt dann New York.
So idyllisch, wie der Name klingt, ist es hier aber nicht mehr, seit ein Millionär das Gelände gekauft und in eine Art Freizeitpark verwandelt hat – mit kostenpflichtigem Parkplatz und freiem Eintritt. Ein großes Besucherzentrum bietet eine 4D-Filmreise zum Mittelpunkt der Erde, Haie werden gezeigt, die Geschichte von Land's End.
Die Aussicht ist dennoch unverwüstlich. Und lässt man den Budenzauber hinter sich, kann man auf dem Küstenpfad schönste Steilküste und tosendes Meer genießen. Bei gutem Wetter kann man die Isles of Scilly sehen.
Man kann das Auto auch einige Kilometer vorher parken und zu Land's End laufen.

Sennen, Cornwall, TR19 7AA
www.landsend-landmark.co.uk
März – Oktober: Täglich 10.00 – 17.00 Uhr, November – März: Täglich 10.30 – 15.30 Uhr

Lizard Point

Der südlichste Punkt Englands ist auch einer der schönsten. Am besten Sie parken Ihr Auto in Lizard und laufen die zwei Kilometer zum Lizard Point. Dort gibt es herrliche Ausblicke auf die schroffe Küste, an der vom Abenteuer angezogene Taucher nach den zahlreichen Schiffen tauchen, die dort zerschellt sind. Man kann den Blick aus dem Café genießen, aber auch die Küste entlang wandern, die hier besonders schön ist: mit vielen Pflanzen, grünen Wiesen und spektakulären Aussichten – manchmal sogar auf einen Hai. Außerdem ist das Gebiet ein Paradies für Vogelkundler. Unter anderem bekommt man hier die seltene kornische Dohle zu Gesicht. Das Wappentier aus der Familie der Krähen ist tiefschwarz, hat einen leuchtend orangefarbenen

Schnabel und soll den Geist von König Artus verkörpern.

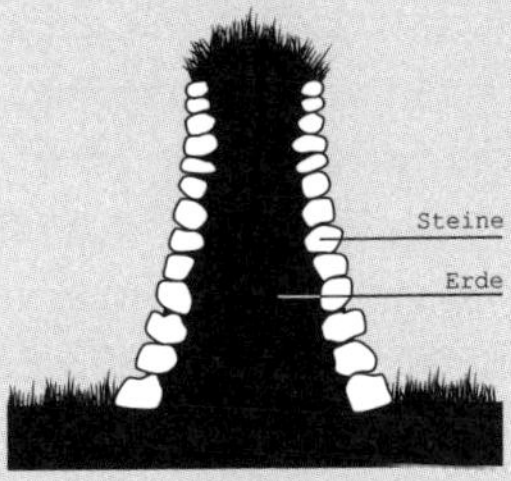

Heckenkultur

Eine Fahrt durch Südengland führt durch ein grünes Labyrinth aus Hecken, wie es das nur dort gibt. Zuverdanken ist es dem Enclosures Act von 1729, der die Landbesitzer dazu verpflichtete, ihren Besitz zu umpflanzen.

Gebaut sind die Hecken aus dem, was vor Ort vorhanden ist, und so sehen sie in Somerset, Devon und Cornwall etwas unterschiedlich aus.

Die typische kornische Hecke besteht aus zwei Steinmauern, deren Zwischenraum mit Erde aufgefüllt ist – und ein lebendiges Innenleben hat. Gehölze wachsen kreuz und quer durch das Gemäuer und außen herum und innen leben über 200 Tier- und Pflanzenarten. Zaunkönige und Goldkelchen nisten hier, da das dichte Netz aus Zweigen ein idealer Schutz vor Raubvögeln ist, Mäuse flitzen durch das Gehölz, Igel, Dachse und Marder fühlen sich dort pudelwohl und Schmetterlinge flattern um die Veilchen, Primeln, wilden Erdbeeren und Brombeeren herum. Farne und Moos sorgen für herrliches Grün und Weißdorn trägt reiche Früchte. Ein großartiges Biotop, das alle 15 bis 20 Jahre eingerissen werden muss (hedgelaying), damit es wieder neu und frisch wachsen kann.

Nachdem viele Jahre wegen Straßenerweiterungen Raubau an den Hecken betrieben wurde, wird die Pflege und Neuanpflanzung der Hecken mittlerweile von der Regierung subventioniert.

Schirmherr der National Hedgelaying Society ist Prince Charles – und es gibt sogar eine eigene Website über Stile, Formen und Historie.

www.cornishhedges.co.uk

In Cornwall blühen über 70 außergewöhnliche Gärten. Das Klima am Golfstrom ist ideal für exotische Pflanzen, Palmen, Rhododendren von gigantischen Ausmaßen, explodierende Magnolien und Farne, deren Blätter so groß wie Hausdächer sind.

Trebah Gardens

Eigentlich wollte der ehemalige Schiffsmakler Tony Hibbert in Ruhe seine Rente genießen, als er Anfang der 1980er Jahre auf Immobiliensuche ging. Doch dann fand er Trebah Gardens und verfiel der Gartenkultur. Eine Schlucht entlang zieht sich der Garten bis zum Helford River samt Sandstrand, hat viele exotische Pflanzen, seltene Bäume und subtropische Sträucher. 1085 gehörte er zum Besitz des Bischofs von Exeter, im 18. Jahrhundert begann ein wohlhabender Quäker ihn zu kultivieren, 1907 kauften Charles und Alex Hext das Gelände und brachten den Garten zu voller Blüte bis er während des Zweiten Weltkriegs zum Anlegepunkt der amerikanischen Armee wurde. Später übernahm der Rennfahrer Donald Healey ihn. Heute kann man ihn auf verschiedenen Wegen durchwandern. Er gehört zu den charmantesten Gärten Cornwalls, ist nicht allzu groß, hat beeindruckende Farne, gigantische Rhododendren wie den weiß–rosa „Loderi King George" von 1900, mannshohe Rhabarberpflanzen, dramatische Lilien und Hibberts Lieblingsbaum, einen chinesischen Taschentuchbaum, dessen Blätter weiß werden. Hunde sind willkommen, es gibt einen Souvenir- und Pflanzenshop und ein Café.

Mawnan Smith, Nr Falmouth,
Cornwall TR11 5JZ
Tel: 0044 (0)1326 252200
www.trebahgarden.co.uk
Täglich 10.00 – 17.30 Uhr

Lanhydrock House & Garden

Dieses unprätentiöse Anwesen aus dem 16. Jahrhundert ist ein Musterbeispiel für hochherrschaftliches Leben. 50 Zimmer kann man besichtigen, vor allem den Trakt der Bediensteten, die riesige Küche und die

Wirtschaftsräume. Man kommt sich vor wie in Robert Altmans großartigem Film „Gosford Park". Und auch Lanhydrock ist auf der Leinwand zu bewundern: 1996 wurde unter der berühmten Kaskadendecke im Wohnzimmer „Was ihr wollt" mit Helena Bonham Carter gedreht.

Der geometrische Garten ist umwerfend: mit einer runden Gartenfläche vorm Haus, Baumkegeln, die über dem Rasen zu schweben scheinen, in komplizierten Mustern angepflanzten Buchsbaumhecken und akkuraten Blumenrabatten. Der Lanhydrock Garten lässt keinen Zweifel daran, dass man sich in der Tradition des französischen Barockgartens die Natur zum Untertan gemacht hat. Es gibt aber auch sanfte Übergänge zum Landschaftsgarten, der in Zeiten der Aufklärung auf mehr Natürlichkeit setzte.

Nehmen Sie ein Picknick mit und lassen Sie sich auf den perfekt „manikürten" Wiesen nieder. Hunde sind willkommen.

Lanhydrock, Bodmin,
Cornwall PL30 5AD
Tel: 0044 (0)1208 265950
http://www.nationaltrust.org.uk/lanhydrock/
Haus: 26. Februar – 30. Oktober: Dienstag – Sonntag 11.00 – 17.00 Uhr,
Garten: Täglich 10.00 – 18.00 Uhr

Caerhays Castle Gardens

Wie eine mittelalterliche Burg thront das Caerhays Castle, das John Nash Anfang des 19. Jahrhunderts entwarf, in der Landschaft. Seit mehreren Generationen ist es im Besitz der Familie Williams, die sich ganz der Gartenkunst verschrieben hat. Berühmt sind ihre preisgekrönten Kamelien, die gigantischen Rhododendren und exotischen Gewächse.

Auf dem Anwesen kann man in verschiedenen komfortablen Unterkünften mit Selbstversorgung auch übernachten.

Gorran, St. Austell,
Cornwall PL26 6LY
Tel: 0044 (0)1872 501310
www.caerhays.co.uk
17. Februar – 15. Juni 2014: Täglich 10.00 – 17.00 Uhr, den Rest des Jahres nur für Gruppen geöffnet

Lamorran House Gardens

Einen intimen Garten mit italienischen und japanischen Einflüssen wollte das Ehepaar Dudley–Cooke entstehen lassen. Seit sie das Anwesen mit seinem Garten in Hanglage und Blick aufs Meer 1982 erwarben, haben sie Brunnen und Wasserspiele installiert, rauschende Wasserfälle und glitzernde Teiche. Zudem haben sie Statuen und Säulen aufgestellt, eine kleine Brücke und einen japanischen Wassergarten bauen lassen. Wunderbar grün und verwunschen ist die mediterrane Anlage mit vielen Palmen, beeindruckenden Azaleen und Rhododendren, die das Paar aus ihrem vorherigen Garten hierher umsetzte.

Upper Castle Road, St. Mawes,
Cornwall TR2 5BZ
Tel: 0044 (0)1326 270800
www.lamorrangarden.co.uk
April – September: Mittwoch und Freitag 10.00 – 17.00 Uhr

Trewithen

Einer der charmantesten Gärten der Region. Der historische Privatbesitz der Familie Hawkins aus dem 18. Jahrhundert hat wunderschöne Wanderwege, Kamelien, Rhododendren, Magnolien und Rosen. Es besteht die Möglichkeit, bei dem Chefgärtner Gary Long einen Rundgang durch den Garten zu buchen, bei dem keine Fragen offen bleiben.

Trewithen, Grampound, Nr Truro,
Cornwall TR2 4DD
Tel: 0044 (0)1726 883647
www.trewithengardens.co.uk
März – Mai: Täglich 11.00 – 16.30 Uhr,
Juni – September: Montag – Samstag 10.00 – 16.30 Uhr

Trengwainton Gardens

In diesem Garten nahe Penzance finden Sie nicht nur exotische Bäume und Sträucher aus der ganzen Welt, sondern Sie blicken auch auf die Bucht St. Mount und eine außergewöhnliche Historie zurück. 1814 wurde das Anwesen von Rose Price, dem Sohn eines jamaikanischen Zuckerplantagenbesitzers gekauft. Price ließ die exotischen Bäume pflanzen und baute die von Mauern umgebenen Gärten, deren Form auf den Ausmaßen der Arche Noah basieren soll. Mit der Sklavenbefreiung 1833 verlor die Familie von Price ihr Vermögen, 1967 wurde das Anwesen von T. S. Bolitho gekauft, dessen Nachfahren bis heute dort leben – und ebenfalls enthusiastische Gärtner sind. 1931 wurde der Garten für die Öffentlichkeit frei gegeben, 1961 dem National Trust überantwortet.

Madron, Penzance,
Cornwall TR20 8RZ
Tel: 0044 (0)1736 363148
http://www.nationaltrust.org.uk/trengwainton-garden/
13. Februar – 30. Oktober: Montag – Donnerstag 10.30 – 17.00 Uhr, Freitag und Samstag geschlossen

Eden Project

Der berühmteste „Garten" Südenglands wurde 2001 in einer 15 Hektar großen und 60 Meter tief liegenden Kaolingrube eröffnet. Maßgeblich beteiligt war an dem Projekt der holländische Rockmusiker Tim Smit, der bei der Rekonstruktion der Lost Gardens of Heligan sein Herz für die Pflanzen entdeckt hatte. In acht großen durchsichtigen Halbkugeln, die auf den legendären geodätischen Kuppeln von Richard Buckminster Fuller basieren, sind verschiedene Klimazonen nachempfunden und über 5000 Pflanzenarten untergebracht. Jeden Tag entern Schulklassen, Familien und Naturenthusiasten das Gelände. Zusätzlich gibt es Führungen, Vorträge, Ausstellungen und viele andere Aktivitäten, denn das Eden Project hat einen erzieherischen Anspruch, plädiert für Unweltschutz und versucht, vom Aussterben bedrohte Arten zu erhalten.
Mit seinem futuristischen Aussehen haben es die Kuppeln auch auf die Kinoleinwand geschafft: Sie dienten als Kulisse für „James Bond – Stirb an einem anderen Tag".

Bodelva, St. Austell,
Cornwall PL24 2SG
Tel: 0044 (0)1726 811911
www.edenproject.com
Außer an Weihnachten und Silvester täglich geöffnet. Da diese Öffnungszeiten jedoch abhängig von Veranstaltungen sehr variieren, informieren Sie sich bitte auf der Website. Die Kernzeiten sind zwischen 9.30 und 16.00 Uhr.

The Lost Gardens of Heligan,
siehe Seite 90

WALKS UND WANDERUNGEN

Nach Cornwall fährt man auch, um zu laufen. Denn das kann man hier wunderbar und überall. An der Steilküste, über Wiesen und Felder, an einer stillgelegten Bahntrasse oder die langen Sandstrände entlang. Viele

Bed&Breakfasts und Hotels halten zudem Pläne für Wanderungen in der Umgebung bereit.

South West Coast Path

Der berühmteste der Wanderwege und der längste. Über 1000 Kilometer führt er an der gesamten Küste des Südwestens entlang und ist durch das Symbol einer Eichel gekennzeichnet.

Besonders schöne Strecken sind zwischen Porlock und Lynton, Lizard und Helston, Falmouth und Mevagissey oder zwischen Port Isaac und Tintagel Castle. Auf der Website findet man viele Tagesmärsche, kann an den Orten, an denen man gerade ist, nach dem Path suchen und mit Hilfe eines Rechners die Länge der Streckenabschnitte bestimmen.

www.southwestcoastpath.com

Camel Trail

Fast 30 Kilometer lang folgt der Camel Trail einer alten Bahntrasse, auf der einst Meersand zu den Farmen im Landesinneren gebracht wurde. Am Camel River entlang führt er von der Mündung in Padstow bis ins Bodmin Moor. Er ist gut ausgebaut, das ganze Jahr zu benutzen und auch mit dem Fahrrad zu befahren. Auf dem Abschnitt, der sich durch das Camel Valley schlängelt, kann man beim Camel Valley Weingut einen schönen Zwischenstopp einlegen.

Wegen der Ausblicke über den Fluss und zur Küste ist die Strecke zwischen Padstow und Wadebridge besonders beliebt, um Bodmin herum geht es ruhiger zu.

In zahlreichen Verleihen können Sie ein Fahrrad mieten, u.a. bei Bridge Bike Hire in Wadebridge, Tel: 0044 (0)1208 813050 oder bei Bodmin Cycle Hire, Tel: 0044 (0)1208 73192.

FESTIVALS UND EVENTS

Shakespeare in the Gardens

Jeden Juli und August baut das Northcott Theatre in Exeter in den historischen Rougemont Gardens eine Freilichtbühne auf und spielt Shakespeare.

www.exeternorthcott.co.uk

Bath Fringe Festival

Jedes Jahr im Mai steht Bath mehr als zwei Wochen lang ganz im Zeichen des Fringe Festivals: Comedy, Musik, Kabarett, Performances, obskure Wurstess– und Strickevents, Ausstellungen und Street Art.

www.bathfringe.co.uk

Bath Film Festival

Ein internationales Filmfestival das von so prominenten Regisseuren wie Ken Loach („Brot und Rosen") unterstützt wird. Das Programm ist anspruchsvoll und abwechslungsreich. Zu sehen sind meist im Oktober/November Erstaufführungen, Werkschauen, Independent-Kino und Klassiker.

www.bathfilmfestival.org.uk

Port Eliot Festival

Im Garten des exzentrischen Lord St. Germans wird im Juli auf dem royalen Rasen gecampt, es werden Bühnen aufgebaut und finden Lesungen, Konzerte, Modenschauen, Kochevents, Filmvorführungen und Konzerte statt. Ein großartig lebendiger Spaß mit großen Namen wie Martin Parr, Hanif Kureishi oder Jakob Dylan.

www.porteliotfestival.com

Flora Day

In Helston tanzt man im Mai in den Frühling: Damen in opulenten Kostümen, Herren im Cut und mit Maiglöckchen am Revers und Schulkinder führen den Furry Dance auf. Die Straßen sind von Tänzern und Bands gesäumt. Gestartet wird bereits um 7.00 Uhr morgens mit dem Morning Dance und weitere folgen den Tag hindurch bis zum Evening Dance um 17.00 Uhr. Das Fest ist dann aber noch lange nicht zu Ende.

www.helstonfloraday.org.uk

Golowan Festival

An keltische Traditionen wird bei diesem Mittsommerfestival in Penzance erinnert. Ende Juni zieht eine Parade mit großen Figuren aus Pappmaché durch die Straßen, dazu spielt keltische Musik, werden schottische Bagpipes gezückt und in vielen Zelten ausgiebig gefeiert.

www.golowan.org

Glastonbury Festival of Contemporary Performing Arts

Das größte britische Festival mit über 150.000 Besuchern wird auch das „Woodstock" Englands genannt: Es ist berühmt für seinen exzessiven Drogenkonsum, für die Bands, die dort auftreten und zu den größten und hipsten gehören, die die Musikszene gerade bietet – und es ist legendär für seine glamourösen Gäste. Berühmt wurde nicht nur das Foto von Kate Moss, wie sie in Hunter Boots und knappen Shorts über das Festivalgelände schlenderte, sondern auch die Boots selbst. Sogar die immer top gestylte Dita von Teese lockerte auf dem Farmgelände nahe Pilton ihren Look etwas auf, Emma Watson trug ein temporäres Tattoo. Auf den Bühnen standen schon Beyoncé, die Kaiser Chiefs, Coldplay, Bombay Bicycle Club, Morrissey, Janelle Monaé und und und ... 2008 allerdings gab es Ärger mit dem Line-up, weil David Gilmour von Pink Floyd anbot, auf dem Festival zu spielen, doch als zu alt abgelehnt wurde. So legendär wie das Festival selbst ist auch der Vorverkauf. Die große Anfrage legt regelmäßig das Netz lahm und die Tickets sind innerhalb weniger Stunden ausverkauft.

www.glastonburyfestivals.co.uk

NEW ENGLISH CUISINE

Es ist noch nicht allzu lange her, dass der Besuch eines britischen Restaurants einer Mutprobe glich. Dosenbohnen, die in Fertigsoße schwammen, zerkochtes Gemüse, verhunzter Fisch, zähes Fleisch und seltsam breiige Beilagen. Doch das gehört der Vergangenheit an. Britische Küchenchefs haben traditionelle Gerichte modernisiert, mediterrane Einflüsse aufgenommen und setzen auf frische, lokale Zutaten. Bio-Landanbau boomt, nachhaltiges Fischen – und die Restaurantkultur.

Cooked Breakfast

Während das traditionelle englische Frühstück schon eine ordentliche Mahlzeit mit Eiern, Würstchen, Speck und baked beans in Tomatensauce ist, mit gegrillter Tomate, Champignons und black pudding, wird in den kornischen Küstenorten auch Fisch serviert. Gegrillter, gebratener oder geräucherter Schellfisch, Bückling oder Heringsfilets hören sich zu morgendlicher Stunde gewöhnungsbedürftig an, sind aber ein köstlicher Start in den Tag. Sie sind ganz schlicht zubereitet, werden mit Petersilie und etwas Salz serviert.

Britische Desserts

Britische Desserts sind nicht gerade ein leichter Abschluss, dafür aber sehr eigen und delikat. Zu den Klassikern gehören:

Trifle Hauptzutat ist ein Biskuit, der in Fruchtgelee und alkoholisierten Früchten getränkt, aufgeschichtet und mit Custard oder Schlagsahne bedeckt wird. Übersetzt bedeutet der Name „Kleinigkeit".

Bread and Butter Pudding besteht aus gebuttertem Weißbrot, das in einer Form aufgeschichtet, bei Bedarf mit Rosinen bestreut und mit einer Mischung aus Ei und Milch übergossen wird. Er wird mit Muskatnuss garniert und warm serviert. Das früheste Rezept dieses Desserts, das vermutlich entstand, um altes Brot zu verarbeiteten, stammt von 1723.

Custard Die Englische Creme wird aus Eigelb, Zucker und Milch hergestellt. Sie wird durch langsames Erhitzen und ständiges Rühren dickflüssig, in der Regel mit Vanille gewürzt und manchmal mit Schlagsahne serviert.

Summer Pudding Für diese etwas leichtere Pudding–Version wird Weißbrot in eine Schüssel geschichtet, mit Beeren aller Art und deren Fruchtsaft übergossen. Dann wird es über Nacht zum Durchziehen in den Kühlschrank gestellt und am nachsten Tag auf einen Teller gestürzt.

Crumble Der Name bedeutet „Krümel". Diese Streusel bestehen aus Mehl, Butter und Zucker, werden über Früchte, meist Äpfel, gestreut und überbacken. Crumble wird warm serviert.

Cornish potatoes

Eine Delikatesse sind die Cornish new potatoes. Wegen des milden Klimas werden sie im Dezember angepflanzt und sind die ersten Kartoffeln, die in Großbritannien geerntet werden. Sie sind klein, süß und wunderbar cremig. Bereits seit dem 17. Jahrhundert werden sie in den Hausgärten auf der Halbinsel Penwith angebaut, gelten als Vitamin- und Mineralienbomben, haben eine dünne, staubige Schale und weniger Kalorien bei mehr Ballaststoffen als Pasta oder Reis. Ab Ende April kommen sie heiß ersehnt und erntefrisch in die Läden.

Aber auch den Rest des Jahres sind die kornischen Kartoffeln ein Gedicht, was an dem sonnendurchtränkten Boden und dem milden Klima liegt, das sie sahnig weich und reich an Geschmack werden lässt.

Cream Tea

Den „zivilisiertesten Abschnitt des Tages“ nennen die Briten ihren Nachmittagstee, der klassisch um five o'clock serviert wird. Er ist so nahrhaft wie eine Hauptmahlzeit – dazu gereicht werden kleine Gurken- und geräucherte Lachs-Toast–Sandwiches, ganz akkurat in kleine Dreiecke geschnitten, und Scones (kleine mürbe Soda-Brötchen) mit Clotted Cream (dicker Sahne) und Erdbeermarmelade. Die Cream stammt aus Devon und Cornwall, den Zentren der britischen Milchwirtschaft und der Clotted Cream.

Achtung: Man streicht immer erst die Marmelade auf die halbierten Scones und dann erst die clotted cream. Ein Trick der Kenner, denn so kleckert es weniger.

Englisches Bier

Real Ales heißen die lokalen Ales, die in zahlreichen Brauereien in Cornwall hergestellt werden. Viele von ihnen sind nur saisonal erhältlich und können im Geschmack variieren, andere werden eigens zu speziellen Anlässen gebraut.

Die Ales sind nur kurz haltbar und manche sind naturtrüb. Alle sind natürlich gegärt, handgebraut und haben keine Kohlensäure. Serviert werden sie ohne Schaum und bei einer Temperatur zwischen zehn und zwölf Grad, denn so entwickelt sich der Geschmack am besten.

Ale ist das englische Synonym für Bier. Obergärig und mit einem Alkoholgehalt von drei bis sechs Prozent.

Golden Ale wird mit hellem Malz gebraut, ist von gelbgoldener Farbe und schmeckt frisch–trocken oder cremig.

Mild Ale ist ein süßliches Bier, meistens von dunkler Farbe mit relativ wenig Hopfen und Alkohol.

Bitter Ale hat einen starkem Hopfengeschmack.

Porter und Stout Dunkles bis schwarzes Ale mit starkem Hopfengeschmack, das bekannteste ist Guinness.

Lager ist ein untergäriges Importbier.

Cider

Vor allem in Somerset und Dorset gibt es viele Apfelplantagen und Mostereien. Die Tendenz zu biologisch angebauten Obst steigt – ebenso die Auswahl an lokalen Cider-Sorten, die im Pub angeboten werden.

Der Geschmack reicht von lieblich über fruchtig–trocken bis zum herben scrumpy. Scrumpy, von scrumps wie Fallobst abgeleitet, wird seit mehr als acht Jahrhunderten in Südengland hergestellt und der Alkoholgehalt kann weit höher als der von Bier sein.

Manchmal wird auch Perry angeboten, Cider, der aus Äpfeln und Birnen hergestellt wird. Im Pub ist der Zapfhahn für Cider vom Fass eine Selbstverständlichkeit.

Besonders gut ist der Cider der Somerset Cider Brandy Company Ltd. in Martock (s. Seite 23), die auch ihren berühmten Cider Brandy herstellt.

MÄRKTE & KORNISCHE KÖSTLICHKEITEN

Die Märkte der National Association of Farmers Markets (NAFM) garantieren den Verkauf lokaler Produkte die aus dem Umkreis von 50 Kilometern stammen und von dem Inhaber des Markstandes selbst angebaut, gezüchtet, gefischt, gebacken oder geräuchert wurden. NAFM fördert die ortsansässigen Bauern, reduziert Food Miles und fördert den Umweltschutz. Hier eine kleine Auswahl an Märkten:

Cornwall

Saltash Fore Street, jeden 4. Samstag des Monats, 9.00 – 13.00 Uhr

Trerulefoot's Kernow Mills, jeden Samstag, 9.00 – 13.00 Uhr

Devon

Crediton Market Square, erster Samstag im Monat, 10.00 – 13.00 Uhr

Exeter Fore Street/South Street, letzter Mittwoch im Monat, 9.00 – 14.00 Uhr

Newton Abbot Courtenay Street, jeden Dienstag, 9.00 – 16.00 Uhr

Plymouth Armada Way, zweiter Samstag im Monat, 9.00 – 17.00 Uhr

South Molton Pannier Market, vierter Samstag im Monat, 7.00 – 13.00 Uhr

Tavistock Bedford Square, zweiter und vierter Samstag im Monat, 9.00 – 13.00 Uhr

Somerset

Axbridge Town Square, erster Samstag im Monat, 9.00 – 13.00 Uhr

Bridgwater Fore Street, zweiter Freitag im Monat, 9.00 – 14.00 Uhr

Crewkerne Falkland Square, dritter Samstag im Monat, 9.00 – 13.00 Uhr

Frome Käse- und Getreidemarkt, zweiter Samstag im Monat, 9.00 – 13.00 Uhr

Glastonbury St. John's Car Park, vierter Samstag im Monat, 9.00 – 13.00 Uhr

Highbridge Community Hall, erster Freitag im Monat, 9.00 – 13.00 Uhr

Taunton High Street, letzter Donnerstag im Monat, 9.00 – 15.00 Uhr

Wellington Scout Hall, dritter Samstag im Monat, 9.00 – 13.00 Uhr

Wells The Market Place, jeden Mittwoch, 9.00 – 15.00 Uhr

Siehe auch:
www.somersetfarmersmarkets.co.uk

Roskilly's

Roskilly's Icecream

Die bunt bemalten Kühlschränke mit Wäldern, Wiesen, Blumen und Tieren begegnen einem in jedem gut sortierten kornischen Laden und in ihnen wird ein Nationalheiligtum gekühlt: Roskilly's Organic Icecream, hergestellt auf dem Bauernhof Tregellast Barton nahe Lizard Point. 1950 erbte Jo Roskilly die Farm von seiner Patentante Miss Buckley, seit 1985 stellt er mit seiner Familie hier Eis her. Und was für eins. Die Milch stammt von einer Herde, die den Tag über gemütlich Klee und mehr als 30 verschiedene Arten Wiesengräser kaut und deren Milch sehr reichhaltig und süß ist. Die Eier, die hinzugefügt werden, sind bio und werden von Hand aufgeschlagen. Hinzugefügt werden dann noch die frischen Zutaten für die jeweilige Sorte. Dazu gehören Bestseller wie Hokey Pokey mit Karamel und abenteuerliche Kombinationen wie Ananas/Chili.

Man kann die Organic Farm der Familie Roskilly auch besuchen, durch die Gärten, über die Wiesen und zu den Seen spazieren, beim Melken zuschauen oder Katzen, Kälbchen und Esel streicheln. Es gibt ein Farmyard Café und Restaurant sowie einen Shop mit Roskilly-Produkten, zu denen auch selbst gemachte Fudges und Marmeladen gehören.

Roskilly's Organic Farm
Tregellast Barton, St. Keverne,
Helston, Cornwall TR 12 6NX
Tel: 0044 (0)1326 280479
www.roskillys.co.uk
Sonntag – Mittwoch 9.00 – 18.00 Uhr,
Donnerstag – Samstag 9.00 – 19.00 Uhr

Cornwall 2 go

Auf dieser deutsch-englischen Website, die in Cornwall beheimatet ist, können Sie handverlesene kornische Leckereien und Kleinigkeiten einfach und direkt zu sich nach Hause bestellen und damit eine kleine Urlaubserinnerung oder einen Vorgeschmack zum Anfassen und Naschen: gebrannte Kacheln mit hübschen Sixties-Postkartenmotiven, Cornish Sea Salt und Biscuits, Sardinen, Chutneys, Ales und auch aktuellen Schmuck sowie Kunst aus der Region.

www.cornwall2go.com

ANDERS WOHNEN

Der National Trust, eine gemeinnützige Organisation für Denkmalpflege und Naturschutz, die viele Wahrzeichen und Gärten Cornwalls pflegt, vermietet auch über 4000 Häuser. Und die sind wirklich besonders. Im Angebot sind zu Ferienhäusern umgestaltete Cottages, Türme, Farmen und Herrenhäuser, darunter zahlreiche, die unter Denkmalschutz stehen. Eine Liste der zu vermietenden Häuser ist auf der Website des National Trust einzusehen.

The National Trust
PO Box 39, Warrington WA5 7WD
Tel: 0044 (0)844 8001895
www. nationaltrust.org.uk

SURF- UND BADESTRÄNDE

Surfen hat in Südengland Tradition, seit über hundert Jahren reitet man hier auf den Wellen. Und die sind ideal: atlantische Wogen, die auf kilometerlange Sandstrände krachen. Zahlreiche Surfschulen, die gesamte Küste entlang, bringen einem den Ritt bei, überall sind Bretter und Neoprenanzüge zu leihen.
Der Surfspot schlechthin ist Newquay, ruhiger geht es in Bude, Sennen Cove oder Polzeath zu. Vor besonders schöner Kulisse kann man zwischen Penzance und Marazion am St. Michaels Mount auf den Wellen reiten.
Auf der Internetseite der britischen Surfcommunity gibt es Wellen- und Wettervorhersagen, Tipps und News.

Die Surfervereinigung Surfing GB empfiehlt Surfschulen, listet Championships und postet Neuigkeiten aus der Community.

Surfcommunity
www.a1surf.com

Surfing GB
www.surfinggb.com

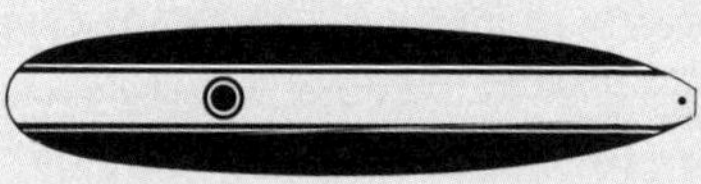

BUCHTIPPS

„Doch die Sünde ist scharlachrot"
von Elizabeth George

Schon abstrus, dass eine der großen Krimiqueens Großbritanniens eine waschechte Amerikanerin ist. Doch berühmt geworden ist Elizabeth George mit ihren Romanen über den adligen Londoner Kommissar Thomas Lynley und seiner proletarische Assistentin Barbara Havers. Weit mehr als Krimis sind ihre Bücher Studien der britischen Gesellschaft – und diesmal ist ihr Krimi in Cornwall angesiedelt. Dort wandert Inspektor Lynley, nach einem schweren persönlichen Schicksalsschlag aus der Lebensbahn geworfen, die kornische Küste entlang – und findet über der Klippe von Polcare Cove eine Leiche. Die Mörderjagd führt durch schönste kornische Landschaften, ist eine großartige Milieustudie der Küstenbevölkerung und taucht auch in die Surferszene ein.

„Die Muschelsucher"
von Rosamunde Pilcher

In Cornwall kommt man an Rosamunde Pilcher nicht vorbei. Die Verfilmungen ihrer Romane haben Südengland populär gemacht und ihr Name ist untrennbar mit der Region verbunden. Ihr Klassiker ist dieser Roman, mit dem sie 1987 den Durchbruch schaffte – mit 63 Jahren. So alt ist auch Penelope, die in diesem Buch ihren Jugenderinnerungen in Cornwall nachspürt. Es ist ein Blick zurück auf St. Ives und die dortige Künstlerkolonie, der auch Penelopes Vater angehörte und ihr Lieblingsbild „Die Muschelsucher" malte. Als sich herausstellt, dass es ein Vermögen wert ist, versuchen Penelopes Kinder sie zum Verkauf zu überreden. Neuverfilmt wurde der Roman 2006 mit Vanessa Redgrave.

„Mein Cornwall"
von Daphne du Maurier

„Rebecca", „Jamaica Inn" oder „Meine Cousine Rachel": Fast alle Romane der berühmten Autorin spielen in Cornwall. Mit zarten 19 Jahren kehrte sie 1929 nach einem Sommer im Feriendomizil ihrer Eltern nicht mehr nach London zurück, sondern blieb zeitlebens an der Küste wohnen. Hier zog sie sich in die Einsamkeit zurück und schrieb. „Mein Cornwall" beschreibt ihre Liebe zur kornischen Landschaft und deren Menschen, erzählt von Legenden, Lebensart und Spelunken, von Piraten und Königen.

FILMTIPPS

Zu schade, dass Alfred Hitchcocks Oscar-prämierte Verfilmung von Daphne du Mauriers Cornwall-Drama „Rebecca" in Big Sur im fernen Kalifornien verfilmt wurde. Und auch sonst sieht man die kornische Landschaft eher im Fernsehen als auf der Kinoleinwand. Allen voran in den zahlreichen Rosamunde-Pilcher-Verfilmungen, die in bisher über 100 TV-Schmonzetten Cornwall im schönsten Klischee mit satten grünen Wiesen, schroffen Klippen und bei blauem Himmel zeigen, unter dem sich Erbschafts- und Familiendramen abspielen, die Liebe verschlungene Pfade geht und die aufrechte Hauptdarstellerin nach einigen Verwirrungen in die Arme eines gut aussehenden Arztes, Adligen, eines gut situierten Farmers oder Malers sinkt.

„Doc Martin" – britische Fernsehserie

Kauzig und humorig sind die Abenteuer des Chirurgen Dr. Martin Ellingham, die der britische Fernsehsender ITV1 seit 2004 produziert. Aus London verschlägt es den Arzt in das kornische Küstenstädtchen Port Isaac, das in der Serie den Namen Porthwenn trägt. Dort muss sich der misanthrope „Doc Martin" mit der Leutseligkeit der Anwohner herumschlagen. Viele „Doc Martin"–Fans zieht es seitdem in das Hafenörtchen, in Schaufenstern hängen Plakate des Hauptstellers Martin Clunes und Wegweiser führen zu Drehorten. Die Figur des „Doc Martin" stammt aus dem Kinofilm „Grasgeflüster", der teilweise ebenfalls in Port Isaac gedreht wurde.
Die Serie ist auf DVD erhältlich.

PERSÖNLICHKEIT

König Artus

Obwohl viele Orte in Großbritannien sich mit König Artus als ihrem Sohn schmücken, kommt er aller Wahrscheinlichkeit nach aus Cornwall. Genau sagen kann es jedoch niemand, denn es ranken sich allzu viele Legenden um ihn. Die bekannteste stammt von Geoffrey of Monmouth, dem ersten Historiker Großbritanniens, der 1135 in seiner „Historia Regum Britanniae" mutmaßte, dass König Artus um 500 nach Christi als Sohn von Uther und Igraine auf Tintagel Castle in Cornwall geboren wurde. Bis heute sind Überreste der Burg, in deren Nähe ein Stein mit der Aufschrift „Artus" gefunden wurde, vorhanden. Doch 600 Jahre nach Artuses Tod, der mit 15 Jahren König von England und Wales wurde, ließ Monmouth seiner Fantasie reichlich freien Lauf. Er dichtete das stattliche Schloss wohl ebenso hinzu wie die Tafelrunde, an der alle Ritter im Kreis und auf einer Augenhöhe zusammensaßen, um keinen Streit um Ränge aufkommen zu lassen. In Slaughterbridge nahe Camelford schließlich soll Artus seine letzte Schlacht geschlagen haben. Nahe der Abtei Glastonbury in Somerset wollen Mönche die Gräber Artuses und seiner Frau Guineveres entdeckt haben.

Mutmaßung über Mutmaßungen! Sicher aber ist, dass Artus für den keltischen und unabhängigen Geist Cornwalls steht. Bis heute sieht man überall Schilder mit der Aufschrift „Kernow", wie Cornwall auf keltisch heißt. Und eine Sage prophezeit sogar, dass Artus eines Tages wiederkehren werde, um Cornwall in die keltische Freiheit zu führen.

MEINE PERFEKTE WOCHE

Montag:

Dienstag:

Mittwoch:

Donnerstag:

Freitag:

Samstag:

Sonntag:

NOTIZEN

NOTIZEN

NOTIZEN

NOTIZEN

NOTIZEN